부파불교와 아함경

1. 부파불교
2. 장아함경

(사)한국불교금강선원 금강회

추천사

불멸 후 1백 년경 아쇼카대왕이 마가다국 서울 빠딸리뿌트라성으로 옮긴 뒤 베살리성 발사자 비구들에 의하여 10사비법이 생기고, 나아가서 대천의 5사 때문에 아라한의 정의가 문제 되었다는 것을 우리는 스리랑카의 도사(島史)를 통해 자세하게 알게 되었다.

그런데 그 뒤 대중부에서는 전후 4차에 걸쳐 본말 9파가 생기고 상좌부에서는 전후 7차에 걸쳐서 11부로 나누어져 전 불교가 20부파로 형성되었다.

뿐만 아니라 부처님의 정신을 정통으로 이어받았다 한 상좌부에서 불멸 3백 년경 설일체유부에서 독자부가 파생되고 다음 3차 3백 년경에 독자부에서 법상부, 현주부, 경량부, 밀림산부가 분열되고, 다시 3백 년 사이 화지부에서 법장부가 파생, 스스로 목연의 후예(後裔)를 자칭하니 설일체유부에서는 선세부를 자칭한 음

광부(飮光部)가 생겼고, 7차 400년경에는 설일체유부
에서 다시 설전부(說轉部: 經量部)가 생겨 스스로 아
난의 후예임을 자처하였다.

이렇게 해서 생긴 불교교단사에 나타난 부파불교를
오늘날 우리는 어떻게 받아들여야 할까 한 번쯤 생각
해 볼 필요가 있다. 물론 계율의 재 해석과 아라한의
인격에 관해 의심을 제기하는 어려운 일이 발생하기
도 했지만 실은 부파불교는 주로 부처님의 말씀을 해
석하는데서 발생한 이견들을 정리하고 바로 세우는데
그 목적이 있었던 것이지 결코 세속의 이권 다툼을 곁
들인 파벌 분쟁은 아니었다.
또한 불교교리발달사 측면에서 보면 불교가 발전하
기 위해서는 조속히 교단 내에서 미정리 된 교의를 바
르게 세우고 종교적 성장과 발전을 위해 새 지도자를
내세워 주위 외도들의 비종교적 압박에 대처할 수 있
는 종교단체로서의 힘을 기르기도 해야 했을 것이다.

역사를 돌아보면 거의 200년에 걸친 부파불교시대
가 불교교리발달 과정에서 존재하지 않았다면 불교는

근본불교의 테두리에서 크게 벗어나지 못하고 대승불
교의 태동이 가능했을까 의심이 생기기도 한다. 우리
가 이 시점에 와서 부파불교의 태동과 여러 학파의 전
개를 다시 한번 되돌아보는 소이가 바로 여기에 있다
할 것이다.

  앞부분에 소개하는 부파불교 역사와 장아함 그리고
중아함 학습을 통해서 우리는 지금으로부터 2600년
전의 부처님 말씀이 대승경전에 어떻게 재구성 되었
는지를 알아보고 이와 함께 교리발달사를 개관할 기
회를 가지도록 추천하는 바이니 참고하시기 바랍니다.

불기 2564년 9월 1일
금강선원 이사 **효   경**

1. 부파불교(部派佛敎)

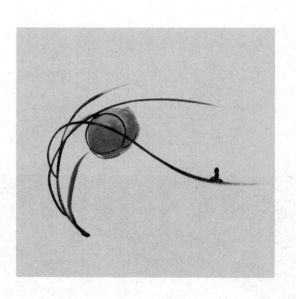

부파불교(部派佛敎)

　불교는 부처님의 위대한 깨달음을 믿고 실천하는 종
교이다.

1. 교주 석가모니 부처님(釋迦牟尼佛)

　부처님은 기원전(BCE) 623년 음력 4월 8일에
　가비라국 정반왕의 아들로 태어나
　기원전 544년 2월 15일 쿠시나가라국에서
　열반에 드신 불교의 교주이시다.

　태어나면서부터 왕족으로 태어났지만
　출산할 때 어머니 고향 구이성으로 출산하러
　가다가 할머니의 별장 룸비니공원에서 탄생하였는데,
　어머니께서 무우수 나무가지를 잡는 순간
　오른 쪽 옆구리로 탄생하였다.

　4방으로 일곱 발짝씩을 걸으면서

한 손은 하늘을 가리키고
다른 한 손은 땅을 가리키며
"천상천하 유아독존(天上天下 唯我獨尊)"이라 하여
세상사람들이 모두 놀랐다.
아홉 용이 물을 길어와 목욕하고 나니
아버지 정반왕께서 곧 바로 본국으로 돌아오라 하여
가비라국으로 돌아왔다.

생후 7일 만에 이름난 관상가들이 와서
실달다(悉達多)라는 이름을 짓고 나니
아사타(阿私陀) 선인이 나타나
"전륜성왕이 아니면 출가하여
삼계도사(三界導師) 사생자부(四生慈父)이신
부처님이 되어 만 중생을 제도하겠습니다"하니
정반왕은 일희일비(一喜一悲)라 어찌할 바를 몰랐다.

그런데 그날 사 말고 마야부인이 생이별하여
도리천에 탄생하시니,
태자는 탄생 1주일 만에 어머니를 잃는

고아가 되고 말았다.

어머니는 저 멀리 히말라야 남쪽에 살고 있었던
천비성 무능(無能) 장자의 딸로,
장자는 아들 선각과 딸 마야
그리고 파자파티를 두고 있었다.

가비라국왕 사자협 왕가에 시집와서 보니
시가 부모형제들은 정반왕, 백반왕, 곡방왕, 감로반왕,
그리고 딸 감로미녀 등 5남매가 있었는데,
각각 아들 둘씩을 두고 있었다.

정반왕에게는 실달다와 난타가 있었고,
백반왕에게서는 난제가, 바제가가,
곡반왕에게서는 아난다, 제바닷다,
감로반왕에게는 아니룻다, 마하나마,
그리고 감로미녀에게는 저사가 있었다.

어머니 마야부인이 정반왕과 결혼하여

실달다를 낳았는데,
어머니가 생후 7일만에 돌아가시자
이모 파자파티가 정반왕의 후궁으로 들어와
난타를 낳았으니
실달다에게는 이복동생이 하나 생겨난 것이다.

어머니의 친동생 파자파티는 온갖 정성을 다 하여
실달다를 길렀으나 실달다는 나이 7세부터
보통사람들과 다른 행이 있어 늘 염려해왔다.

나이 7세 되던 해 춘경제(春耕祭)를 지내는데,
소가 끌고 가는 쟁기에 흙 속의 벌레들이 뒤집어지자
날새들이 쪼아먹고 물고가는 것을 보고
"아, 세상은 약육강식(弱肉强食)이로구나"
탄식한 뒤 나무 그늘에 앉아
"어떻게 해야 저들 불쌍한 중생들을 구제할 수 있을고!"
고민하였다.

그런데 해가 정오가 넘었는데도

나무 그늘은 태자의 곁을 떠나지 않고 있었으며
주위의 모든 풀, 나무들이
태자를 향해 고개를 숙이고 있었다.

제사에 몰두했던 아버지는 제를 다 지내고 나서야
태자에게 이르러 찬탄하였다.
"아! 우리 아들이 천지 수목의 귀의를 받고 있었구나."
생각하면서도 대바라문 관상가 아시타 선인의
말씀이 생각나 걱정하였다.
"집에 있으면 전륜성왕이 되어
천하를 거느리는 대성왕이 되겠지만
만약 출가한다면 삼계도사 사생자부가 되어
만중생을 구제하는 대선지식이 되겠습니다."

그래서 정반왕은 평상시 가까이 지내던
문무대신들을 좌우에 거느리고 물었다.
"저 왕자를 어떻게 교육하면 좋겠습니까?"
"우선은 4베다와 산수, 문학, 철학을 가르치면서
27종의 무예를 가르쳐 문무양면(文武兩面)에

뛰어난 재능을 갖추도록 교육하는 것이 좋겠습니다."

그리하여 태자는 바로 환궁하자마자
12년동안 당시 가비라국에서 문학과 철학에
능통한 학자들로부터 64종의 철학과 문학을 학습하고,
아울러 최고의 무예인들에게서
27종의 무예를 숙달하였다.

그 결과는 태자가 19세 되는 해
묘령의 비(妃)를 선택할 때
궁중의 모든 청소년들과 경연대회를 하여
야수다라를 부인으로 선택한 것만 보아도 알 수 있다.

태자는 어려서부터 과묵진중(寡默珍重)하여
세상의 모든 것을 예리하게 그리고 지혜롭게 판단하여
어떤 종교가나 철학인들도
지도하기 어려운 경지에 있어
아버지 정반왕은 자신의 후계자로
나라를 다스리기를 원했지만

태자의 마음은 종교적인 지혜로써
만사를 판단하고 있었기 때문에
누구도 그 마음을
회유할 수 없는 경지에 이르러 있었다.

하루는 태자가 아버지께 청하였다.
"넓은 세상은 다 보기 어렵다 하더라도
우리나라 백성들이 어떻게 살고 있는지
한번 돌아보고 싶습니다."
"좋다. 너의 생각이 그러하다면
4대문 밖을 한 번 살펴 보고 오너라."

태자는 아버지 대왕의 승낙을 받고
동, 서, 남 3문을 순서적으로 보게 되었는데,
동쪽에서는 보행을 제대로 하지 못하는 노인을 보고,
남쪽에서는 병든 사람을 보고,
서쪽에서는 아픈 사람이 마침내 죽어
장례지내는 모습을 보았다.
끝으로 북쪽으로 나가니 바랑을 짊어지고 지나가는

한 노스님을 보고 말에서 내려 직접 만나 물었다.
"당신은 무엇을 하는 사람인데
보통 사람과 그 모습이 같지 않습니까?"
"나는 일찍이 생, 노, 병, 사의 고통을 없애기 위하여
설산에 들어가 출가수행하는 수행자입니다."
"그렇다면 누구나 출가수도하면
생로병사에서 벗어날 수 있습니까?"
"지금까지 그런 사람은 없지만 출가수행하면
누구나 생노병사에서 벗어날 수 있다고 생각합니다."

그 뒤로 태자의 생각은 세상의 삶이나
부귀영화를 생각하는 마음이 없어지고
오직 출가수행자가 되는 것만이
삶의 목표가 될 수 있다 생각하였다.
그리하여 아버지께 말씀드리니,

"내 진작부터 바라문 점상가의 말을 듣고
너의 출가를 염려하고 있었는데
바로 때가 온 것 같다.

그러나 내 나이 40이 넘어 너를 얻어
이 나라를 계승하기를 바라고 있었는데,
네가 출가한다면 대가 끊어지게 되니
자식 하나만 낳아주고 가거라."
하여 그 후 10년을 기다리며
아들 낳기를 기대해 왔던 것이다.

하루는 태자가 꿈을 꾸니,
① 몸이 대지에 누워 머리는 수미산을 베고
   손으로 4해를 받쳐들고 있고,
② 배꼽에서 난 풀 한포기가 아가니타천까지 뻗어 오
   르고
③ 4방에 네 마리 새가 와서 지저겼으며,
④ 네 마리 짐승이 무릎을 꿇고 앉아 태자의 몸을 핥고,
⑤ 엄청나게 큰 똥산을 밟고 걸어도
   똥이 몸에 묻지 아니 하였다.

한편 야수다라도 세 가지 꿈을 꾸었는데,
① 허공의 해와 달이 땅 위로 떨어지고,

② 상하 치아가 빠지고,
③ 오른 쪽 팔이 빠져나갔다.

야수다라가 태자에게 말하니
해도 달도 그대로 있고 상하 이도 그대로 있으며,
오른쪽 팔도 그대로 있는데
무엇을 그리 걱정할 것이 있겠는가
하여 잊어버리고 말았다.

그런데 그해 태자 나이 29세가 되는 해 정월 달
니련선하에서 목욕을 하고 있는데 시종이 와서 말했다.
"아들을 낳았습니다."
"아, 파하기 어려운 장애물(障碍物)."
하고 큰 소리로 외쳤기 때문에
부처님 아들 이름이 "라훌라(장애물)"가 된 것이다.

그러나 그때 희열에 찬 실달다를 보고
한 여인이 2층 다락에 서서,
"행복한 아버지여, 행복한 어머니여,

저런 자식을 가진 부모님은 행복하겠네."
하고 노래를 불러 태자는 자신의 목에 걸고 있던
목걸이를 그 여인에게 선사하였다고 한다.
그것은 행복이란 인도말인 '니르바나'가 되어
장차 생로병사에서 완전히 벗어나게 될 것을
예측하였기 때문이다.

그 후 부처님은 아들을 낳은 야수다라 방으로 가서
고이 잠든 아들과 부인을 보고 마지막 고별인사를 고
했다.
"히말리야 산봉우리 보다도,
갠지스강의 물줄기 보다도 더 높고 깊은 사랑을
이 한 몸에 바쳤던 여인이여,
외로히 밤 하늘에 별빛처럼 떠나는 이 사람을
무정하다 하지 말고 모든 사랑을
아버지 정반왕께 바쳐다오."
하고 먼 길을 떠났다.

그리고 태자는 새벽 하늘이 밝아질 무렵

트리베나강변에 이르러 머리를 깎고
애마 칸타카와 시자 찬다카를 보낸 뒤
자신은 숲속에 앉았다가 밥때가 되자
깨진 기왓장을 들고 밥을 얻어 시장기를 달랬다.

찬타카는 바로 칸타카를 끌고
그 길로 돌아와 동문 밖에서
"태자께서 어제 저녁 니련선하에서 출가하였다"
알리고 그 자리에서 죽었기 때문에
지금도 그 자리에는 찬타카와 칸다카의 비석이 서 있다.

이 소식을 들은 정반왕은
"내가 일주일 전 꿈을 꾸니 당간의 깃대가 부러지고
궁중이 텅텅 빈 것을 보았는데
이런 일이 생기는 구나"
하고 몇몇 친지를 보냈으나
태자는 이미 사냥꾼과 옷을 갈아입고
발가바 선인에게 가 있었다.

태자가 물었다.

"그 고행의 목적이 무엇인가?"

"죽은 뒤 천당에 태어나는 것입니다."

"복이 다하면 다시 인간으로 태어나게 되어 있는
데....!"

그리고 이어서 세 범지(梵志)를 만나 물었다.

"해와 달에 기도하고 물과 불에 기도하여
무슨 결과를 얻는가?"

"해와 달의 보호를 받고
물과 불의 공덕을 얻기 위한 것입니다."

"해는 떴다 지는 것이고
달은 둥글었다 이지러지는 것인데
어떻게 그 속에 한량없는 공덕과 복이 있겠는가?"

이때 왕궁에서 온 사신들이
태자를 만나 갖가지로 달래며
궁중으로 돌아갈 것을 권했으나
"나에게 늙지도 않고 병들지 않으며,
죽지도 않는 것을 준다면 몰라도

그렇지 않으면 결코 고향으로 돌아가지 않겠다."
하고 단호하게 말했다.
그리고는 마가다국 영축산 있는 곳으로 걸어오다가
세 갈래 길이 있는 곳에서 잠깐 쉬고 있는데,
마가다국 빔비사라왕이 태자가 수행간다는 말을 듣고
찾아와 인사를 드렸다.

"출가의 목적이 어느 곳에 있습니까?"
"생사대사를 해결하고자 하는데 있습니다."
"그것은 사람으로서는 살아서는
해결될 수 있는 일이 아닌 것 같은데
나와 함께 정치를 하는 것이 어떻습니까?
무엇이고 원하는 대로 모두 성취시켜 드리겠습니다."
"나도 나라도 있고 사랑하는 아내도 있습니다."
"그렇다면 멀리 가지 말고
마가다국 안에서 공부하십시오."
하여 먼저 고행림(苦行林)에 이르러
다시 고행자들이 닦는 온갖 고행을 다 겪어 보았다.
그러나 고행은 역시 몸을 괴롭히고

참는 힘을 길러줄 뿐 별다른 도움이 되지 않았다.
그래서 니련선하에 이르러 6년간의 진구(塵垢)를 씻고
강변으로 올라오다가 기진맥진하여 그만 쓰러지고
말았다.

그때 이 광경을 본 목녀(牧女) 수자타가
나무신에게 바치려고 가지고 가던
유미죽을 드려 잡수케 하니
정반왕께서 보낸 6년 동안 따라다니던
다섯 비구(교진여)등이 보고
"실달타태자는 타락했다."
하고 그만 베나레스로 가버렸다.
실달타는 그곳에서 수자타에게서
석달 동안 유미죽을 얻어 먹고 기운을 회복하여
니련선하 필발라수 근처에서
풀을 베는 길상(吉祥)에게
풀을 얻어 금강보좌에 깔고 앉아 맹세하였다.

"내 만약 이 자리에서 도를 깨치지 못한다면

다시 일어나지 않으리라."

하고 선정에 들어 자신의 마음을 깊히 관찰하였다.

"인생을 고통케 하고 자유를 박탈하는 놈이 누구인가?"

그런데 그것은 신(神)도 아니고 물(物)도 아니며,

오직 자신의 마음이었다.

그것이 바로 마군(魔軍)이 되어

칠전팔도(七顚八倒) 괴롭게 하였지만

자그만치 5, 6일 동안 악전고투하는 가운데

허망한 마음 속에서 일어나는 탐욕, 진에, 우치 등

내, 외부의 마군들을 물리치고 나니

마침내 천하가 태평하였다.

하늘, 땅, 기갈(飢渴) 한열, 애욕의 군대가

싹 쓸어 없어진 뒤 하늘을 바라보니

새벽 하늘의 별빛이 천하를 훤히 비추고 있었다.

초저녁에 숙명통(宿命通)을 얻고

중야에 천안통(天眼通)을 얻었으며,

후야에 누진통(漏盡通)을 얻으니

과거, 현재, 미래의 일들이

손바닥 위의 구슬처럼 나타났다.

때는 스님의 나이 35세 되던 해 12월 8일,
세상 사람들은 그때의 깨달음을
"무상정등정각(無上正等正覺)"이라 하였는데
탄생할 때 주행 7보하고
"천상천하 유아독존"하던 소리를 비로소 증득하게
되었다.

이것을 사람들은 부처님의 성도(成道)라 하고,
실달다의 이름을 붓다, 즉 '깨달은 사람'이라 하였다.
부처님의 상호는 확철대오하면서 32상 80종호,
옛날의 실달다 태자와는 180도 달라진
비지원만(悲智圓滿)의 성자가 되었다.

"生死有無量 往來無端緒
求於居舍者 數數受胞胎"

하고

"나는 이제 이 집을 보았으니
다시는 집을 짓지 않으리라.
대들보는 무너지고 마음 또한 떠났으니
마음은 중간도 끝도 없네."

지나가던 사문이 바라보고 물었다.
"당신은 무엇을 잡수셨기에 그렇게 얼굴이 밝고 밝으며
자신이 만만합니까?"
"나는 깨달은 자다. 번뇌와 싸워 이겼으며
일체법에 물들지 않고 일체법을 비웠노라."
"당신이야 말로 응공자(應供者)이며
무상사(無上師)이고, 정각자(正覺者)로
청정 열반을 증득한 사람입니다."
하고 떠났다.

2. 위대한 명예

사람은 태어나면 누구나
조상 대대로 이어 받아 내려오는
성씨와 새로운 이름을 지어 받게 되어있다.

설산 북쪽 감자왕의 후예로
옥까까 임금님의 대를 이어 내려온 석씨족(釋氏族)은
바라문 다음의 찰제리 왕족으로 바이샤(農民),
수드라(賤民)를 자동적으로 거느리고 사는
양반 중의 양반이다.

그런데 석가모니 부처님은 태어나면서부터
32상 80종호를 갖추어 집에 있으면 전륜성왕이 되고
출가하면 대각세존(大覺世尊)이 된다는 예언을 받아
왔다.

① 이마가 높고 넓어 끝까지
　　볼 수 없는 상호(無見頂上相)
② 정상에 육계가 있고(頂成肉髻相)
③ 머리털이 유리처럼 빛나고(髮紺琉璃相)
④ 미간에 가서 백호가 나 있었다.(眉間白毫相)
⑤ 부드러운 눈썹이 수양버들처럼 생겼다(眉細垂楊相)
⑥ 깨끗한 눈을 가지고 있었다(眼目淸淨相)
⑦ 귀가 복스럽게 생겼다(耳開諸聖相)

⑧ 코가 높고 곧고 끝이 둥글었다(鼻高圓直相)

⑨ 혀가 넓고 길었다(舌大法螺相)

⑩ 몸에서 금색광명이 났다(身色眞金相)

그리고 깨달음을 얻고 나서는 세상 사람들로부터
열 가지 명호로 불려지게 되었다.

① 진리로부터 오신 분(如來)

② 공양대접을 받을만한 분(應供)

③ 3세시방의 일을 두루 아시는 분(正徧智)

④ 그 행이 밝고 만족스러운 분(明行足)

⑤ 잘 오셨다가 잘 가신 분(善逝)

⑥ 세간의 일을 잘 알고 이해하시는 분(世間解)

⑦ 그 이상 스승이 없는 분(無上士)

⑧ 하늘과 사람들의 스승이 되시는 분(天人師)

⑨ 장부들을 잘 교육하시는 분(調御丈夫)

⑩ 확실하게 깨달으신 분(佛)

⑪ 세상에서 가장 존경할 만한 분(世尊)이 그것이다.

또 법신여래의 여섯 가지 호를 구족하였으니

① 자재(自在) : 모든 일을 자유자재로 할 수 있는 분

② 치성(熾盛) : 온 몸과 마음에 빛이 충만하였다.

③ 단엄(端嚴) : 단정하고 엄숙하다.

④ 명칭(名稱) : 칭찬받고 사랑받는 이름을 가지신 분

⑤ 길상(吉祥) : 길하고 상서로운 분

⑥ 존귀(尊貴) : 언제 어디서나 가장 높고 귀한 자리
　를 차지하시는 분이라는 뜻이다.

이와같이 부처님은 언제 어느 곳에서나
시간과 공간의 제약을 받지 않고
자유자재한 마음으로 모든 스승들의 존경을 받으며
일체중생을 교화하였다.

이 모든 것은 부처님의 위대한 깨달음에서 연유된 것
이다.
그러면 부처님께서 깨달으신 진리의 내용은 무엇인가?
종파에 따라 각기 생각하는 것이 다소 차이가 있지만
부처님께서 깨달으신 내용은

인과(因果), 인연(因緣), 그리고 마음(一心)의 도리
였다.

3. 불타성도의 내용

사람은 태어나면서부터 눈, 귀, 코, 혀, 몸, 뜻을 가지고
갖가지 색과 소리, 냄새, 맛, 촉감, 법 등 6경을 바라
보며 갖가지 인연 속에서 온갖 번뇌망상을 일으키고
산다.

언제부터 그렇게 해 왔는지,
언제나 끝이 날 것인지 알 수 없으므로
그것을 무시무명(無始無明)이라 부른다.

언제부터인가 자기도 모르는 사이에
온갖 선악업을 지어 갖가지 과보를 받고 있으므로
어떤 사람은 무명(無明), 행(行), 식(識), 명색(名色),
육입(六入), 촉(觸), 수(受), 애(愛), 취(取), 유(有),
생(生), 노사(老死), 우비고뇌(憂悲苦惱)를
받고 살고 있다고 생각해 왔다.

뿐만 아니라 그 고통 가운데서 고통을 받고,
기쁨을 맛보는 것 또한 끝도 갓도 없어
중생들은 미처 그런 생각을 할 틈도 없이
살아가고 있는 것이었다.

그런데 부처님께서 도를 깨닫고 보니
우리의 본 마음은 허공과 같아
생멸거래(生滅去來)에 관계가 없는데
사람들이 스스로 느끼고 깨달아
희노애락(喜怒愛樂)에 좌우되고 있는 것을 보았다.
허공가운데서 한 생각 바람이 일어나면
티끌과 같은 먼지가 날아와 온갖 병폐를 다 일으키며
흥망성쇠(興亡盛衰), 길흉화복(吉凶禍福)의 인과를
받고 있는데, 그 본래의 자기 마음을 잃어버리고
헤매다 보니 중생도 무변하고 번뇌도 끝이 없어
이런 도리를 먼저 깨달은 부처님께서는
자비보살(慈悲菩薩)의 행으로서
보살도를 실천하고 있는 것이다.

그러니까 부처님께서 깨달으신 도는
먼저 인과 인연의 도리를 깨닫고
다음에 인과 인연의 부모가 되는
자신의 마음을 확실하게 깨달아
마침내 윤회의 세계에서 벗어나게 된 것이다.
그러나 이것은 너무나 깊고 넓은 세계이므로
〈잡아함〉에,

"내가 깨달은 세계는
탐욕이 영원히 다하고
진에와 우치, 그리고
일체 번뇌가 다한 까닭으로
그 이름을 열반이라 부르지만
세간 사람들은 애욕에 얽매여
거기서 영원히 벗어나기 어렵다."
하시고

"누구고 이 세계에서 영원히 벗어나면
아라한이 되어 바른 지혜로써

해탈할 수 있다."
하였다. 〈잡아함 33권〉

그리고 또 〈잡아함 12권〉에
"여래는 이 법을 깨달아 등정각을 얻었다.
이것이 있으면 저것이 있고
이것이 멸하면 저것이 멸한다."
하였다.

그러므로 중요한 것은
허공과 같은 본 마음을 깨닫는 것이다.
허공은 봄, 여름, 가을, 겨울이 없고
구름이 끼든지 바람이 불든지
비가 내리든지 상관하지 않는다.
사람들은 그 안에서 흥망성쇠를 일으키고
길흉화복을 만들고 있어도
허공은 일찍이 화를 내거나 기뻐한 일도 없다.

그래서 후세 사람들은

자기가 심어 자기가 거두는 인과를
자업자득(自業自得)이라고 하며,
구사(俱舍), 유식(唯識) 등 논문을 지어 변명하였지만
부처님은 오직 진속이제(眞俗二諦)에 좌우되지 않고
부증불감(不增不減)으로 살아오신 것이다.

그래서 부처님과 같은 도리를 깨달은 사람들은 부처
님을
"자재치성여단엄(自在熾盛與端嚴)
명칭길상급존귀(名稱吉祥及尊貴)"

라 칭찬하였던 것이다.

그래서 후대의 모든 선지식들은
부처님의 깨달은 진리를 수레바퀴에 비교하여
네 마리의 사자(四獅子)가 4방으로 돌아 다니면서
사자후를 하여 전법하고 살았는데,
그 후 100년 있다가 상좌 · 대중부가 생기면서
20부파가 만들어졌으니

그 내력을 간단히 설명하면 다음과 같다.

불멸 100년경부터 500년 사이 분열된 종파를
간략히 정리해 보면 다음과 같다.
처음 분열된 상좌 · 대중 두 파 가운데
상좌부가 북인도 파키스탄 쪽으로 나아가자
대중부 부파불교는 분열 후 다시 12부파로 나누어진
상좌부를 본 받아 자그마치 8파로 나누어
갖가지 논문을 쓰고 본래 자신들의 스승을 배경으로
총 20부파를 형성하였다.
(여기서 육족론(六足論)이 나온다)

1) 불타관(佛陀觀)

이와같이 32상 80종호를 갖추신 부처님도
돌아가시고 나니 중생들 눈에는 중생만 보인다고
중생을 닮은 부처님만을 연상하게 되었다.

그래서 평상시 부처님을 일생동안 모셔온 제자들이
부처님은 삼신사지(三身四智)를 갖춘 성인이라 하여

부처님을 10력(力), 4무외심(無畏心),
3념주(念住)를 갖추신 분으로 그의 본 마음은
본 진리를 깨달은 그대로 법신(法身)이 되어

① 때와 장소를 잘 아시는 처비처지력(處非處智力)
② 3세 중생의 업보를 다 아시는 업이숙지력(業異熟
　智力)
③ 어느 곳에서나 일념사이에 왕래자재하는 변취행
　지력(邊趣行智力)
④ 갖가지 세계를 잘 아는 종종계지력(種種界智力)
⑤ 지정의 3방면에서 갖가지 업을 잘아는 종종승해
　지력(種種勝解智力)
⑥ 중생들의 근기를 잘 아는 근상하지력(根上下智力)
⑦ 선정과 삼매를 잘아는 정려해탈지력(靜慮解脫智力)
⑧ 전생 일을 잘 아는 숙주수념지력(宿住隨念智力)
⑨ 죽고 사는 것을 잘 아는 사생지력(死生智力)
⑩ 번뇌를 다 했는지 잘 아는 누진지력(漏盡智力)

〈잡아함 26권〉

다음에는 언제 어느 곳에 있어서도 두려움이 없다.

① 정등각무외(正等覺無畏)

② 누영진무외(漏永盡無畏)

③ 설장법무외(說障法無畏)

④ 3학의 성취여부를 잘 아는 설출도무외(說出道無畏)

그리고

① 몸은 부정하고(身念住)

② 지각은 고통이며(受念住)

③ 마음은 무상하며(心念住)

④ 법은 무아(法念住)한 것이다.

그렇기 때문에 부처님은 항상 대자대비로써 살아갔다.
이와같이 부처님은 생사거래에 동요없는 법신자리에
항상 머물면서 중생들이 그의 모습을 보고 싶어 하면
온갖 법상을 다 갖춘 보신불(報身佛)을 나타내 보였
으며, 때로는 살아계실 때의 스님 모습으로 나타나
갖가지 일들을 함께 하는 화신불(化身佛)을
나타내기도 하였다.

이와같이 같은 부처님도 종파에 따라 달리
이해되기도 하였으니,

전통적인 상좌부에서는

① 불타의 최후 몸은 결업소감(結業所感)의 유루신
   (有漏身)이므로 그 바탕으로 보면 유루체(有漏體)
   이며

② 일음(一音)으로 일체법을 설하지 못하고

③ 일시에 일체지(一切智)를 갖출 수 없으며

④ 설법 중에는 때로 불요의(不了義)가 있을 수 있으며

⑤ 해탈에도 2승과 다름이 없는 행을 보일 때도 있었다

하였는데,

대중부에서는,

① 불신은 무루체(無漏體)이고

② 불신은 변제(邊際)가 없고

③ 일음(一音)으로 일체법을 설하고

④ 불설에는 불요의(不了義)가 없고

⑤ 일찰라에 일체지를 갖추고

⑥ 불타는 수명이 한이 없고

⑦ 불타는 위력이 끝도 갓도 없고

⑧ 불타는 꿈과 수면이 없고

⑨ 질문에 사유(思惟)를 갖지 않는다 하였다.

여기서 상좌부와 대중부의 차별이 생겼는데,
부처님을 진리를 획득한 성자로서 본 것은 동일하다.

그래서
"삼신사지해탈승(三身四智解脫僧)
원수자비애납수(願垂慈悲哀納受)"
란 말이 생겼다.

법보화 3신으로 이루어진 부처님이
대지인(大智印),
삼매인(三昧印),
법지인(法智印),
갈마인(羯磨印)을 거두어 주십시오 하면

부처님들은

① 대원경지(大圓鏡智)

② 평등성지(平等性智)

③ 묘관찰지(妙觀察智)

④ 성소작지(成所作智)로 중생들의 소망을 들어 준
   다고 하였다.

그러면 다음부터는 20부파가 분열된 배경을
간단히 살펴 보기로 하겠다.

4. 원시근본불교 교리관

1) 연기론(緣起論)

연기론은 누군가의 머리에서 구상되어
만들어진 것이 아니다.
그러므로 부처님께서 장아함 12권에,
"연기법은 내가 지은 것이 아니고
다른 사람이 지은 것도 아니다.
그것은 여래께서 세상에 나거나 나지 않거나
항상 법계에 꽉 차 있는 진리이다.
이것을 깨달은 사람을 부처라 하고

깨닫지 못한 사람을 중생이라 한다.

그러나 이것을 깨달은 법은 심히 깊어 알기 어렵다.
영원히 깊히 잠들어 있는 것과 같아
보통 사람들로서는 알기 어렵다.
그러므로 내가 알기 쉽게 설명한다 하더라도
부처가 된 사람이 아니면 알아듣기 어렵다.
탐욕과 진에, 우치를 완전히 소멸한 사람만이
얻어지는 것이 열반의 진리이다."

그러면 연기의 실체는 무엇인가?

이것이 있으면 저것이 있고,
저것이 있으면 이것이 있고,
이것이 멸하면 저것이 멸하고
저것이 멸하면 이것도 멸한다.

그러므로 이것은 생(生)하고 멸(滅)하는 법이므로
무위법(無爲法)이 아니고 유위법(有爲法)이다.

이에 근거하여 근본불교에서도 유·무위법을 통틀어
3법인 4성제로 설명하고 있다.
따라서 대중부 계통의 법체관(法體觀)은
법과 영혼을 내세운 중유론(中有論)으로
죽으면 즉시 다른 곳에 가서 태어난다고 하는
윤회사상을 주장하고 있다.

2) 삼법인설(三法印說)

연기법이 불타성도의 내용이라면
3법인설은 불교사상의 3대 강령이다.

(1) 제행무상(諸行無常)
(2) 제법무아(諸法無我)
(3) 열반적정(涅槃寂靜)

등 세 가지인데 이것을 확실히 알면
누구나 고통의 세계를 떠나 열반을 얻는다 하였다.
그러나 대중부에서는
그 혼령이 존재하는 중유(中有)를 인정하여

물질적인 색법은 본래 자리인 공(空)으로 가고
혼령의 핵심인 심법(心法)은
본래 깨끗하여 청정하다고 하였다.

번뇌는 본래 수면(隨眠) 속에 존재하고 있지만
아직 행동으로 나타나지 않은 정신
즉 불상응행법(不相應行法)으로
본 마음 그대로 남아있다고 하였다.

그러면 그 본 마음(本體論)은 어떠한가?
유위법은 무상법이기 때문에
시간따라 인연따라 변해가지만
쉽게 변해가지 않는 법을 부처님께서는
무위법이라 하여 세 가지 성
(三性: 空無邊處, 識無邊處, 無所有處)은
선성(善性)만 가지고 있는 무위이고,
비상비비상처(非想非非想處)는 색계·무색계의
성품까지도 버리고 연기지성(緣起支性)
즉 성도지성(成道支性)을 따라

8정도를 닦으면 성도한다 하였다.

그런데 여기 9무위에 대하여
상좌부와 대중부가 약간씩 차이가 있으나
그것은 나중에 가서 판단하기로 하고
우선 근본불교의 수행론에 대하여 간단히 살펴보겠다.

3) 실천론(實踐論)

불법수행에 있어서는
감인수도(堪忍修道)를 기본으로 하고 있는데,
부처님은 당시 유행하던 갖가지
고행과 인욕행을 경험하시고
고행은 도(道)와는 관계가 없다 선언하였지만
자신이 경험한 것을 제자들에게 가르치기도 하였다.
계를 가지고 철저히 수행하도록 말이다.
그러나 상좌부와 대중부가 조금씩 다른 점이 있으므로
간단히 그려보면 다음과 같다.

◎大衆部系統의 修行位次

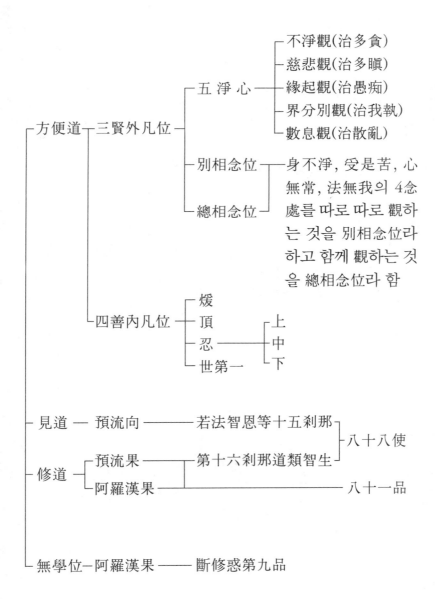

方便道 ─┬─ 三賢外凡位 ─┬─ 五 淨 心 ─┬─ 不淨觀(治多貪)
        │   │   ├─ 慈悲觀(治多瞋)
        │   │   ├─ 緣起觀(治愚痴)
        │   │   ├─ 界分別觀(治我執)
        │   │   └─ 數息觀(治散亂)
        │   ├─ 別相念位 ─┐
        │   │   │ 身不淨, 受是苦, 心
        │   └─ 總相念位 ─┘ 無常, 法無我의 4念
        │   處를 따로 따로 觀하
        │   는 것을 別相念位라
        │   하고 함께 觀하는 것
        │   을 總相念位라 함
        │
        └─ 四善內凡位 ─┬─ 煖
                       ├─ 頂
                       ├─ 忍 ─┬─ 上
                       └─ 世第一 ├─ 中
                                └─ 下

見道 ─ 預流向 ─── 若法智恩等十五刹那 ─┐
                                      ├─ 八十八使
修道 ─┬─ 預流果 ─── 第十六刹那道類智生 ─┘
      └─ 阿羅漢果 ──────────────── 八十一品

無學位─阿羅漢果 ── 斷修惑第九品

有部의 四階成道說圖

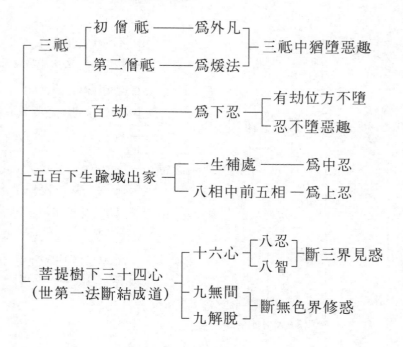

```
        ┌ 三祇 ┬ 初 僧 祇 ──── 爲外凡 ┐
        │      └ 第二僧祇 ──── 爲煖法 ┘ 三祇中猶墮惡趣
        │
        │                              ┌ 有劫位方不墮
        ├──── 百 劫 ──── 爲下忍 ┤
        │                              └ 忍不墮惡趣
        │
        ├ 五百下生踰城出家 ┬ 一生補處 ──── 爲中忍
        │                  └ 八相中前五相 ─ 爲上忍
        │
        │                      ┌ 十六心 ┬ 八忍 ┐
        │                      │        └ 八智 ┘ 斷三界見惑
        └ 菩提樹下三十四心 ┤
          (世第一法斷結成道)  ├ 九無間 ┐
                              └ 九解脫 ┘ 斷無色界修惑
```

사실 불교 이전의 모든 사상은 자연과 신(神) 속에서
너, 나를 가르고, 있고 없음을 따지므로
그들을 교화하기 위하여 부처님은
빈 마음(空), 중도(中道)의 학설을 쓰기도 하였지만
실로 우리 마음은 비어있는 것만도 아니다.
그러므로 불교수행의 마지막 단계를 8정도로
설명하고 있는 것만 보아도 알 수 있다.

그런데 이렇게 불멸 후 1백 년까지
한결같이 살아온 불교가
먹는 것과 입는 것, 사는 것, 수행 때문에
상좌, 대중부로 갈라졌다가
거기서 다시 여러 파로 분열되어
불멸500년 경에는 자그마치 20부파로
나누어지게 되었으니
그 원인이 나변(那邊)에 있는가
간단히 살펴보도록 하겠다.

제1회 결집

쿠시나가르성에서 부처님의 초상을 치르고
왕사성으로 돌아오는 길에
모든 비구들이 부처님의 열반을 안타까워하며
슬퍼하자 발사자비구가 말하였다.
"무엇을 그렇게 슬퍼할 것이 있는가.
각기 힘을 따라 부처님의 행을 본 받으면 그만이지!"
하자 장로 가섭존자가
유법(遺法)의 산멸(散滅)을 막기 위하여
경과 율을 빨리 결집하여야 하겠구나 생각하고
아사세왕의 후원으로 성 밖 필발라굴 속에서
500비구를 모아 아난존자가 경장의 송출자가 되고
우팔리 존자가 율장을 석 달 동안 80번 외웠으므로
처음에는 80송 행계(行戒)라 부르다가
뒤에 10송율(誦律)로 줄여 외우게 되었다.

이것이 먼저 출판한 불교성전 상권이고 하권이다.

그런데 경량부(經量部)가 불멸 4백 년경

설일체유부(說一切有部)에서 분열된 설전부(說轉部)가
우리를 경량부라 부르게 된 것은 부주가
"나는 경희를 소승으로 한다" 한데서 연유되었다.
경희는 곧 아난존자이다.
그러므로 이부에서는 부처님의 경전을 정량으로 삼고
논과 율을 소의로 하지 아니하였다.

그러나 논부를 주로하는 설일체유부와는
같이 섞이어질 수 없으므로 오직 하나가
대대로 유통하였기 때문에 그렇게 부른 것이다.
이상의 모든 학설은 "이부종륜론"에서 발췌한 것이다.

십사비법(十事非法)과 대천오사(大天五事)

그러면 처음 대중 · 상좌 두 파의 분열은
어디서부터 시작되는가?
사건은 계율과 교리의 견해 차이에서 생긴 것이다.

1) 발기족(跋耆族) 비구들의 십사비법(十事非法)

① 전날 받은 소금을 저축해 두었다가 다음 공양 때

쓸 수 있도록 하자. (鹽事淨)

② 하루 한 때 먹은 뒤 그늘이 손가락 둘 사이를 지나게 될 때까지는 다시 먹을 수 있도록 하자 (二指淨)

③ 밥 먹은 뒤 생각 따라 먹을 수 있도록 하자. (隨喜淨)

④ 밥 먹은 뒤 도량을 떠나 다른 도량에 가서 다시 먹을 수 있도록 하자. (道行淨)

⑤ 우유와 꿀, 설탕(石漿)등을 밥 먹지 않을 때는 먹을 수 있도록 하자. (酪漿淨)

⑥ 치료를 위해서는 덜된 술(闍樓伽酒)을 마실 수 있도록 하자. (治病淨)

⑦ 몸의 크고 작음을 따라 알맞은 좌구를 만들어 쓸 수 있도록 하자. (坐具淨)

⑧ 그전 사람들이 하던 율을 본받으면 설사 비율이라 할지라도 계율에 위배되지 않도록 하자. (羯摩法)

⑨ 다른 곳에서 간단히 참회한 것을 대중 앞에 와서는 큰소리로 참회해도 참회가 되도록 하자. (高聲淨)

⑩ 금은전 따위의 보시를 받아도 법에 저촉되지 않도록 하자. (金寶淨)

이렇게 열 가지를 주장하였는데,
어느 때 존자 야사가다연니자(耶舍迦多延尼子)가
베살리성 금각강당(金閣講堂)에 왔다가
발기족 비구들이 포살일(布薩日)에 동발에
물을 담아 놓고 참여한 신도들에게 말했다.
"승가여, 1전씩 보시하면
그것으로 여러 가지 용구를 구해 쓰겠습니다" 하자
야사비구가 그것을 보고
출가한 사문이 금은전을 구하는 것은
부처님께서 허락하지 않으셨으니
모여진 것을 분배할 수 없다."
하고는 구염미국(拘臁彌國)에 이르러
이 일을 여러 큰스님들과 의논하니
존자 삼부다난나화수(三浮多蘭那和修)등
서방제국의 큰스님들 60여 명과
아반제(阿槃提) 남방제국에서 온 88인이
아호항하산에 모여 그것을 비율(非律)이라 결정하였다.

야사의 무리들은 다시 아함, 논, 율에 정통한 장로

이바다에게 동의를 얻으니 존자 사란(沙蘭)이

정에 들어 합법 여부를 판단했다.

결과 서방 야사의 논리가 정당함을 알고

이바다의 발의에 의해서 사건지인 베살리에 모여

회의를 하기로 하였다.

발기국 비구들은 이바다 등을 회유하였으나

끝끝내 듣지 아니하므로

양당이 모여 대의원을 선출 의논하다가

동방의 살바가마와 사란, 불사종 바사엠,

서방의 기바다와 삼부다, 남방의 야사, 수마야 등이

파이가원(婆利迦園)에 모여

당시 나이 120세로 아난의 대를 이은

살바가마에게 물으니 십사는 비율(非律)이라 판정하

였다.

이에 이를 반대한 발기족 비구들이 떨어져 나가니

이를 주장한 장로들은

대부분 나이가 많고 고참들이었으므로

상좌부(上座部)라 하고 후자를 대중부라 부르게 되

었다.

이것이 저 유명한 십사비법(十事非法)이다.

그런데 그날 그곳에 모인 장로비구들 7백명은
중각강당에 모여 8개월 동안 자신들의 법을 지키기
위해
제2결집을 행했는데, 발기국 비구들은
1만 명이 모여 대결집을 하게 되었다.
이같은 사실은 남방(스리랑카)의 도사(島史)와
대사(大事)에 나오는 이야기다.
그런데 북방의 이부종륜논(異部宗輪論)과
대비바사론(大毘婆娑論)에는 양부의 분열을
10사비법에 두지 않고 대천(大天)의 오사(五事)에
있다고 지적하였다.

2) 대천(大天)의 오사(五事)

대천은 마돌라국 한 상인의 아들로 파연불성에 갔다가
계원사(鷄園寺)에 이르러 출가하였다.
두뇌가 총민하여 무엇이고 한 번 보고 듣기만 하면
통달하였는데, 아라한의 경지에 이르러

하루는 잠자다가 몽정(夢精)을 하였다.

제자가 세탁을 하다가 의심이 생겨 물었다.

"아라한에게도 이런 일이 있을 수 있습니까?"

"누(漏)에 두 가지가 있는데, 하나는 번뇌루(煩惱漏)이고,

다른 하나는 부정루(不淨漏)다.

아라한은 오히려 전자는 없으나 후자는 있을 수 있다."

그 뒤 얼마 있다가 대천스님이 제자들에게

사사문과(四沙門果)를 낱낱이 수여하자,

"아라한은 스스로 깨달아 아는 것인데

어찌하여 수기하십니까?"

물으니,

"무지(無智)에 두 가지가 있는데,

하나는 오염무지(汚染無智)이고

다른 하나는 불오염무지(不汚染無智)이다.

아라한은 전자는 없으나 후자는 있다."

하였다. 또 제자들이 글을 읽다가

깨닫지 못하는 것이 있어 물었다.

"아라한은 성혜안(聖慧眼)이 있는데,

글 속에 종종 의심이 생기니 이상하게 느껴집니다.

아라한이 되면 무엇이고 모르는 것이 없다고 하는데

어찌 의심하는 것이 생깁니까?"

"의심에 두 가지가 있는데,

하나는 수면생(隨眠生)이고

다른 하나는 처비처지력(處非處智力)이다.

아라한에게 전자는 없어도 후자는 있을 수 있다.

그리고 아라한은 무지가 있을 수 있으므로

먼저 깨달은 사람에게 물어 깨닫게 되는 수가 있다."

하였다.

그런데 그 뒤 스님께서 또 자다가 꿈 가운데서

"苦哉, 苦哉!"라 하고 외치므로,

"아라한도 그런 말씀을 할 수 있습니까?"

"진짜 성스러운 도는 고통을 깨닫게 하는 것이다."

하시고 포살시 수계식 때

"여소유(餘所誘) · 무지(無知) · 유예(猶預) · 타령입

(他令入) · 도인성고기(道因聲故起)"

라 하여, 이 소식을 다른 스님들께 알리자,

"이것은 일찍이 삼장(三藏) 가운데서

보고 듣지 못한 것이다."

하니 이 소식을 임금님이 듣고 물으니,

"다수결로 결정하는 것이 좋겠습니다."

하여 숫자가 작은 장로들은 반대하고,

숫자가 많은 대중들이 수가 많아

여기서 상좌부와 대중부가 생겼다 하였다.

이 두 가지 학설은 남북경전에 다 같이 실려있는 설

이다.

그런데 남전에서는 이 학설을 율을 중심으로 풀고,

북전에서는 교리 중심으로 기울어져

불교의 부파가 차차 여러 개로 나누어지게 되었다 한다.

3) 말파분열(末派分裂)의 경위

부파불교의 분열은 불전 이부종륜논(異部宗輪論)에서는

불멸 후 100년경 상좌·대중부로 나누어졌는데,

200년까지는 상좌부에서 설산부(雪山部: 本上座部),

설일체부(說一切部: 薩婆多部)로 나누어졌다가
200년 후에는 설일체부에서 독자부(犢子部)가 생기고,
300년경에는 법상부(法上部), 현주부(賢冑部),
정량부(正量部), 밀림산부(密林山部), 화지부(化地部),
법장부(法藏部), 음광부(飮光部: 善歲部)가 생기고,
4백 년경에는 경량부(經量部: 說轉部)가 생겨 자그마치
11개의 종파가 생기게 되었다.

그리고 대중부에서는 불멸 200년까지
일설부(一說部), 설출세부(說出世部), 계윤부(雞胤部),
다문부(多聞部), 설가부(說假部)가 생겼고,
300년경에 가서는 제다산부(制多山部),
서산주부(西山住部), 북산주부(北山住部) 등
9부가 생겨 남북종파에서 총 20부파가 되었다.

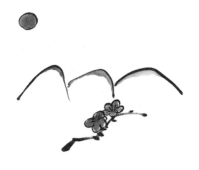

다음 남전도사(南傳島史)에 기록된 종파는 다음과 같다.

(1) 部派佛教 20分派圖(北傳異部宗輪論)

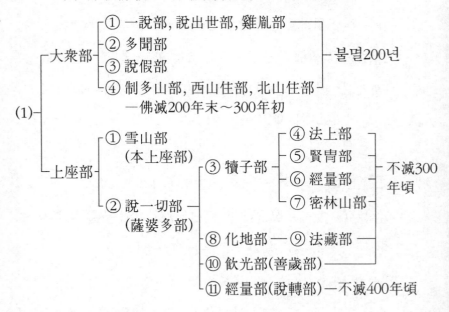

(1)┬大衆部┬① 一說部, 說出世部, 雞胤部 ┐
│   ├② 多聞部   ├ 불멸200년
│   ├③ 說假部   │
│   └④ 制多山部, 西山住部, 北山住部 ┘
│   ─佛滅200年末~300年初
│
└上座部┬① 雪山部
      │ (本上座部)
      └② 說一切部┬③ 犢子部┬④ 法上部 ┐
         (薩婆多部) │   ├⑤ 賢冑部 ├ 不滅300
                  │   ├⑥ 經量部 │ 年頃
                  │   └⑦ 密林山部 ┘
                  ├⑧ 化地部─⑨ 法藏部 ┐
                  ├⑩ 飮光部(善歲部) ┘
                  └⑪ 經量部(說轉部)─不滅400年頃

(2) 部派佛教 20部派圖(南傳島史)

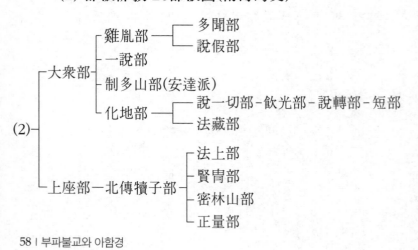

(2)┬大衆部┬雞胤部─┬多聞部
│   │   └說假部
│   ├一說部
│   ├制多山部(安達派)
│   └化地部─┬說一切部-飮光部-說轉部-短部
│   └法藏部
│
└上座部─北傳犢子部┬法上部
                ├賢冑部
                ├密林山部
                └正量部

(3) 後代印度分裂

```
     ┌ 雪山部
     ├ 王山部
(3)─┼ 義成部
     ├ 東山部
     ├ 西山部
     └ 西王山部
```

(4) 後代 Ceylon分裂(스리랑카 불교)

```
     ┌ 大寺派
     ├ 無畏山寺派
(4)─┼ 法喜派
     ├ 低陀林寺派
     └ 海部
```

5. 부파불교의 논전들

불멸 후 1백 년경 아쇼카대왕이
마가다국 서울을 빠딸리뿌뜨라성으로 옮긴 뒤
베살리성 발사자 비구들에 의하여 10사비법이 생기고,
나아가서 대천의 5사 때문에 아라한의 정의가
문제 되었다는 것은 이미 말씀드린 바 있다.

그런데 그 뒤 대중부에서는 전후 4차에 걸쳐
본말 9파가 생기고
상좌부에서는 전후 7차에 걸쳐서 11부로 나누어져
전불교가 20부파로 형성되었다는 것도 이미 말했다.

그러면 무슨 이유에서 대중부에서는
불멸 200년경 일설부, 설출세부, 계륜부가 생겼으며
그 뒤 100년이 못 되어 다문부가 갈라졌고,
제3차 200년 중에는 설가부,
제4차 2백 년 중에는 대천에 의하여 제다산부에서

서산주부, 북산주부가 각각 분열되게 되었던가.

뿐만 아니라 부처님의 정신을 정통으로 이어받았다 한

상좌부에서도 불멸 3백 년경 설일체유부에서

독자부가 파생되고 다음 3차 3백년경에

독자부에서 법상부, 현주부, 경량부, 밀림산부가 분

열되고,

다시 3백 년 사이 화지부에서 법장부가 파생,

스스로 목연의 후예를 자칭하니

설일체유부에서는 선세부를 자칭한

음광부(飮光部)가 생겼고,

7차 400년경에는 설일체유부에서

다시 설전부(說轉部: 經量部)가 생겨

스스로 아난의 후예임을 자처하였다.

그런데 남전 도사(島史)에서는

대중부가 본말 합해서 8파가 되고

상좌부가 12파가 되어 결국

20부파로 갈라지게 되었다고 하고 있다.

어쨌든 이렇게 부파가 생긴 이유는
불멸 후 100년경 발사족 비구들의 10사비법과
대천의 5사가 기본이 되었다 하지만
사실 내용상으로 보면
의식주 문제와 아라한의 자질 때문에
파생되었다고 해도 과언이 아니다.

또 진제소전(眞諦所傳)의
삼론현의검유초(三論玄義檢幽鈔)와
지의의 이부종륜논술기(異部宗輪論述記)에 의하면
불멸 후 2백 년경 대중부의 무리들이
왕사성 북쪽 앙굴다라(央掘多羅)에 살면서
화엄, 열반, 승만, 유마, 금광명, 반야 등
여러 가지 대승경전을 인용하여
이것을 믿는 사람들은 두말하지 아니했으나
믿지 않는 사람들은
"이 말은 사람들의 말이지 부처님의 말씀이 아니다"
하니
이것을 불신하는 자들이

일설부, 설출세부, 계윤부를 형성하였다고 한다.
말하자면 일설부는 "出世法은 恒有假名"이다 하여
아법일체법(我法一切法)을 불신하고
출세법만을 진실한 법이라 믿었다.

그러나 이들 파는 모든 법은
가명(假名)이라 주장할 뿐 아니라
아법이 공한 이치 즉 도과(道果)의 지혜를 인정하는
진실경으로 믿었던 것이다.

그리고 셋째 계윤부의 경율2장은
"방편설이고 논장만 진불설이다"
주장하였다. 말하자면

"隨宜覆身하고 隨宜住處하며
隨宜飲食하되 疾斷煩惱하라" 하였으니 말이다.

그러니까 "어떤 때는 3의를 설하기도 하고
어떤 때는 1의"를 설하기도 하였으며,

또 어떤 때는 "절에 살라 하시기도 하고
어떤 때는 산림(山林)에 주하라" 하신 것이다.
또 어떤 때는 "하루에 한때만 먹으라" 하셨다가
어떤 때는 비시식(非時食)을 설하기도 하였으니
차라리 아비달마적 지혜에 의해서 번뇌를
끊는 것이 타당하다고 생각하였다.

그런데 이 부를 계륜이라고 한 것은
부주의 성(姓)이 계륜이었기 때문이다.
그러므로 진제는 그의 주처를 따라
"회산주부(灰山住部)"라 부르기도 하였다.
다문부는 부주가 "3장에 통효하여
널리 깊이 깨달은 덕이 있었으므로
다문부라 하게 되었다" 한다.
사실 그는 부처님 생존 시에는
사피의(祠被衣)란 재가선인(在家仙人)으로 있으면서
나무껍질로 옷을 해 입고 하늘에 제사를 지냈던 분
이다.
그 후 부처님 설법을 듣고 출가하여

부처님 말씀을 잘 외우다가

부처님께서 입멸하신 뒤에는 설산에 깊이 들어가

근 200년을 살다가 부처님 돌아가신 뒤

앙굴다라 속에서 나와서 보니

대중부의 설법은 매우 얕아 보잘 것 없었으므로

이에 깊은 뜻을 설하게 되니

그 속에 대승불교의 진의(眞義)가 들어있어

이를 신봉하는 사람들이 생겨

후세에 식실종(識實宗(論))으로 발전된 것이다.

또 설가부를 구역에서는

분별설부(分別說部)라고 하였는데,

세·출세의 법에 가(假)가 있고 실(實)이 있다고

설하였으므로 이 설법에 의해서

부명(部名)을 붙인 것이라 한다.

그러므로 부집소(部執疏)에

"내가 전에는 무열뇌지 옆에서 살다가

불멸 200년경 마가다국에 와서

대중부의 3장을 보니 계·처(界·處)는 가명이고

온(蘊)만이 실(實)하다 하니

이것이 진제(眞諦)요, 인(因)이며

나머지는 속제(俗諦)요, 가(假)다" 하였다.

그래서 이것을 믿는 자가 설가부(說假部)가 되었으니

이들은 대부분 대가전연의 제자들이었다.

여섯째 제다산부와 일곱째 서산주부, 여덟째 북산주부는

거처하는 장소를 중심으로 붙여진 이름이다.

이부종륜론기는 불멸 후 만 200년 중에

사도출가(捨道出家)한 대천이

호운왕(好雲王)의 호법정책에 편승

오직 이익을 위해서 많은 제자를 거느리고

불법을 가자(假藉) 하였으므로

장차 이 왕이 내용을 알고 마을로 떠나보내고

구족계를 받은 몇 백 명만 그대로 놓아두니

사람들이 그들을 적주비구(賊住比丘)라 불렀다.

그들이 장차 서산과 북산에 나누어 살았으므로

세 부가 생기게 된 것이다.

중앙에 있는 산이 제다산(制多山)이었으므로
중앙파는 제다산부라 불렀다.

그런데 3론현의에서는 그들은 수계문제로
세 곳에 나누어 살게 되었다 한다.
그런데 어떻든 여기 출가하여
스님이 된 사람들이 많았으므로
그 가운데 화상(和尙: 親敎師)은 설사 계가 없고
파계한 일이 있다 하더라도
아사리(阿闍梨)가 유계(有戒)하면 수계할 수 있다 하
였다.
그래서 그 가운데서도 지재산, 북산 2부가
분열되었다 한다.

다음은 근본상좌부가 분열된 이유를 말하면 다음과
같다.

근본상좌부는 불멸 200년까지는
일미화합(一味和合)의 종단으로 내려왔다.

사실 상좌부는 부처님께서 가르치신
경과 율 2장만을 총통하는데 주력하였다.
그런데 그 가운데서 경을 중심으로 하면
율은 저절로 따라오기 때문에
불멸 300년경에 가전연 등이 출세하여
논장을 중심으로 한 불교를 내세우므로
하는 수 없이 본 상좌부가 설산으로 돌아와
설산주부(雪山住部)가 생겼다 한다.

그런데 이에 반대하는 파를 살바다부라 부르고
설일체유부, 설인부(雪因部)라 부르게도 되었다 한다.
설일체유부란 일체소지(一切所知)를
3유위(과거 · 현재 · 미래)와
3무위(허공 · 택멸 · 비택멸)로
구분하여 불렀기 때문이다.
그리고 설인부라 부른 것은
이 부에서는 어떤 뜻을 세우든지
반드시 그 원인을 밝혔기 때문이다.

불멸 후 3백 년경 제2차로 일체유부에서
독자부가 분열되었는데,
진제3장은 가주제자부(可住弟子部)라 불렀는데,
사리불이 제작한 아비담을 근본성전으로 하고
그것을 총통하였기 때문이다.
이 부를 독자부라고도 불렀는데,
이는 3종부의 이름을 붙였기 때문이다.
법상부, 현주부, 정량부, 밀림산부 4부는
모두 독자부로부터 분리된 것이다.
그 분립의 이유는 사리불의 논 아비담의 부족한 점을
경 중의 승의(勝義)로써 보충하였기 때문이다.
그런데 그 뜻이 조금씩 달라
4부중 3부는 사람의 이름을 따서 부른 것이고
후 1부는 그들이 사는 지명을 따서 부른 것이다.

제4차로 설일체유부에서
화지부(化地部: 本地部)가 나왔는데
그 시조가 일찍이 4베다에 능통한
바라문 주사(呪師)이었기 때문이다.

사실 그는 출가한 뒤 불경의 결점을 베다와
바기라론(毘伽羅論)으로 보충하였는데
이를 믿고 따르던 사람들이 그 스승의 이름을 따라
정지부라 불렸던 것이다.

그런데 종륜론(宗輪論) 술기에서는
그 종주가 원래 한 나라의 왕으로서 있다가
출가하여 교화했기 때문이라 하기도 한다.
진제스님은 이 부를 법호부라 불렀으니
이 부의 시조가 목연의 제자로
그 이름이 법호였기 때문이라 하였다.
법호는 항상 그 스승을 따라 색계에 올라가
배운 경·율·론·주·보살의 5장을 저술해
그중 오직 경장만을 홍통하여
화지부와 분열되게 되었다고 하였다.

또 설일체유부에서 분열된 음광부는
선세부라고도 하였는데 음은 바라문 가사파의 후손
들이

건립하였기 때문이다.

또 선세부는 그 부주의 이름이 선세였기 때문이다.

그가 7세에 아라한이 되어 불법을 듣고 외우고

찬집하여 외도들을 논파하고 또 모든 중생들의 번뇌를

다스리는 것으로 근본을 삼았기 때문이다.

이렇게 부파불교가 성하므로써

여러 가지 론부가 생기게 되었는데

널리 알려진 6족론 이름을 소개하면 다음과 같다.

① 아비달마집이문족론(사리불론)

② 아비달마법온족론(목건련지음)

③ 아비달마식신족론(가전연지음)

④ 아비달마품욕족론(데바설마지음)

⑤ 아비달마계신족론(세우지음)

⑥ 아비달마시설족론(세우지음)

소승불교와 대승불교

그 동안 우리는 여러 가지 소아함경을 통하여 불멸

후 100년 동안 아직 문자로 정리되지 않은 경전들을

공부하였고, 그 뒤 계율(戒律十事)과
깨달음의 내용(大天五事)에서
상좌·대중부가 갈라지고
거기서 다시 20부파가 생겨 불멸 후 500년 경까지는
아시타비(我是他非)의 불교로 고민한
불교에 관하여 공부하였다.

그런데 인도에서는 빔비사라왕의 아들
아쇼카왕이 태어나 이모형 수사마를 죽이고
덕차시라국을 평정한 뒤 전 인도를 통일하였다.

그러나 남인도에 갔다가 너무 많은 사람을 죽여
피비린내 나는 전쟁을 겪었는데 한이 맺힌 한 여인의
복수를 받고 온 몸에 창병이 생겨
어찌할 바를 모르고 있다가
한 스님이, "법수(法水)를 마시면 병이 나을 수 있다."

하는 말을 듣고,
부처님의 4대 성지를 찾아가

1보 1배를 하여 창병이 낫게 되었다.

그 무렵 희랍계왕 밀린다가 북인도에 와서
박트리아계통의 인도왕으로 통치하고 있다가
불교가 매우 성한 것을 보고 나선비구를 만나
토론을 하게 되었다.
"당신은 어떻게 하여 이 세상에 알려지게 되었습니까?"
"아버지가 내 이름을 '나가세나' 라 지어주어
그 이름에 의해 이 세상에 알려졌지만,
진짜 나는 그 이름 속에 들어있지 않습니다."
"그러면 당신은 도대체 누구입니까?"
"나는 지·수·화·풍 4대의 원소로 몸을 이루고,
거기에 눈, 귀, 코, 혀, 몸, 뜻이 이루어져 있으나
이것을 운전하는 주인은 참되고 한결같은 내 마음입
니다.

마치 이것은 당신이 타고 온 수레가
평상과 굴대로 이루어져 있으나
모두 다 떼어놓고 보면

공(空)한 것 같이 내 마음도 그러합니다."

여기서 왕은 단번에 무아(無我) 즉 공도리를 깨닫고
황금 3천냥을 상금으로 바치고
자신은 남의 나라 임금님의 명령을 받아 온 사람이므로
임무가 끝날 때까지는 속제자로 있다가
60세가 넘으면 출가하여 스님의 제자가 되겠습니다
하고 아리스토텔레스의 철학사상에 대하여
논리적으로 가르쳐 주었다.

말하자면 불교는 우주 인생의 근본문제를
실상(實相), 연기(緣起) 두 가지로 설명하는데 반하여
서양에서는 우주관(宇宙觀), 인생관(人生觀) 하는 식
으로
체계있게 가르치고 있었던 것이다.
이로 인해 서양에 불교가 최초로 전파되고
불교 또한 논리적 불교가 싹트게 되었다.
그 경이 바로 〈밀린다왕문경(나선비구경)〉이다.

다음 아쇼카왕은 전 인도를 통일 한 뒤
이란, 이라크를 거쳐 로마까지 정복하여
전세계의 3분의 1을 구경하고
거기 평화의 비석을 서른 개가 넘도록 세웠는데,
소와 말 같은 짐승까지도 사랑스럽게 기르고
학대하지 말라 하였다.

본인의 몸에 이상이 생긴 이후 부터서는
카니시카왕에게 자리를 맡기고
북인도(파키스탄)에 이르러 생을 마쳤다고 한다.

카니시카왕은 월지국의 왕으로서
북인도 페샤와르에 도읍을 정하고
조르아스터교(拜火敎)도 믿고
자이나교도 보호하여
모든 종교사상을 널리 발전시킨 왕이다.

그때 마침 알렉산더대왕이 유럽 전체를 통일하고
그들 전승자들 3천 명을 거느리고 북인도를 침범하

였다가

인더스강의 대홍수로 인하여 많은 사졸(士卒)들을

잃고

고민하자 북인도 왕이 식량과

소, 말, 돼지 등 많은 부식을 보내 구원하니,

"우리가 가는 곳 마다 원주민들이

모두 도망쳐 피난갔는데,

어찌하여 우리들을 이렇게 특별히 보호하십니까?"

"우리는 모두 불교신자로서

내일 죽일 짐승이라도 실컷 먹여 잡아 먹는다."

하자 이에 감탄한 왕이 화해를 맺고 파키스탄

간다라지방에 '알렉산더' 도시를 세우고

인도 여성들과 자신의 병정들을 결혼시켜

각각의 종교사상을 마음 껏 펼 수 있도록

북인도땅을 자유 평화의 세계로 만들어 놓았다.

오늘날도 파키스탄의 간다라지방과

아프카니스탄 그리고 중앙 아세아 여러 곳에

'알렉산더'란 도시 이름의 유적들이 남아있다.

알렉산더대왕은 고대 그리스의 철학자
아리스토텔레스의 제자로서 그의 자연법에 기초한
철학과 논리를 받아들여 북인도와 중앙아세아 지역에
이상적 세계를 건립하려 노력하였으며,
불교 또한 독신하여 재래의 태양신 머리 위에
부처님의 장엄한 상을 올려놓아 부처님을
태양신보다도 높은 인격자로 추앙하였다.

이에 당시 이집트와 로마의 예술정신을 본받아
많은 불상과 신장상을 조성하여
대승불교의 예술을 진흥하는데
커다란 몫을 제공하였다.

이렇게 무명무상절일체(無名無相絶一切)의
불교사상이
알렉산더에 의하여 수많은 불상과 신장상들이
조각되자 중국 돈황에는 세계적인 석굴이 조성되어

수천, 수만의 상화(像畵)들이 장엄되게 되었고,
대승불교를 신앙하는 모든 불교권에서는
상화(像畵)를 모시는 것을 상식으로 생각하게 되었다.

한편 불교계의 논사들은 부파불교의 철학자들과는
달리
부파화된 부분적 사상을 무착과 천친스님이
구사, 유식으로 체계있게 정리하고
남인도에서는 용수와 같은 논사들이
중도사상을 설하여 명자 그대로 대승불교철학을
세계적인 종교철학 논리로써 인류역사에 남기게 되
었다.
종래의 소승불교철학자들은
자기 종파의 세를 넓히고 높이는데 극력 노력하였으나
대승불교시대의 학자들은 소승불교 정신을
대승불교화 하면서 부처님의 근본불교
즉 수행을 통한 깨달음의 종교로 나아갈 수 있도록
불교사상을 체계있게 정리하였다.

초기의 중국불교는 소승적인 내용이 많았으나

차차 대승화되면서 종교철학적 사상이 풍부해 지고
다양화 되면서 한 종파에서 끝나는 것이 아니라
모든 인류가 공유할 수 있는 세계적 종교로 발돋움
하였다.
그러면 그 동안 고집했던 소승불교가
어떻게 조직되었다가 대승불교로 재편집되었는가
그 과정을 간단히 살펴보기로 하겠다.

〈소승불교사상〉

부처님 돌아가신 뒤 100년 후에
베살리성에서 계율과 교리 때문에
상좌·대중 두부가 분열되었다가
장차 500년 사이 20부파로 나누어졌는데,
이 시대의 불교를 속칭 '소승불교'라 불렀다.
그것은 자기 것만 옳고 남의 것은 그르다고
업신여겼기 때문이다.

교리적인 면에서 가장 체계있게
불·보살의 역사를 정리하고

중생들의 수행만을 잘 정돈한 것은
유부종(有部宗)이므로 여러 부파를 대표해서
유부종의 불타관과 보살관, 그리고 수행관을
먼저 간단히 소개 하겠다.

소승의 불타관

첫째 부처님에 대해서는
① 부처님은 우리 인생과는 다른 초인간적인 존재였다.
② 왜냐하면 부처님에게는 유루법(有漏法)이 없고
③ 그의 가르침은 모두가 전법륜(轉法輪)의 도구였
으며
④ 한 소리(一音)로 일체법을 설하고
⑤ 불여의(不如意)가 없으며
⑥ 색신(色身)의 변제가 없고
⑦ 위력(威力)이 무진하고
⑧ 수량(壽量)이 무궁하고
⑨ 중생교화에 있어서 만족과 싫어하는 마음이 없으며
⑩ 잠과 꿈이 없고
⑪ 질문에 사유(思惟)하지 않으며

⑫ 항상 정중(定中)에 들어 있으며

⑬ 1찰라에 일체법을 알고

⑭ 모든 것을 반야(般若)로써 판단하고

⑮ 현재 고과(苦果)를 판단하는 진지(盡智)와 미래의
과보를 관찰하는 무생지(無生智)가 있었기 때문이다.

그러므로 부처님의 인생은 화현(化現)이 아니라
본지(本地)의 역사(役事)로 보았던 것이다.
그렇다고 해서

① 부처님은 출세간적 존재가 아니고

② 몸은 유루법(有漏法)이고

③ 일음(一音)으로 꼭 일체법을 설하는 것이 아니므로

④ 그의 말씀엔 불여의(不如意)와

⑤ 불요의(不了義)도 있고

⑥ 색신(色身)에 변제가 있으며

⑦ 위력도 한계가 있고

⑧ 수량도 한계가 있으나

⑨ 교화하는데 만족과 싫음이 없었다.

⑩ 꿈이 없는 잠을 잤고

⑪ 일체법을 요지(了知)하였다.

⑫ 무기심(無記心)으로 진지(盡智)와 무생지(無生智)를 일으키지 않았다고 설명하였다.

이로써 보면 대중부는 유부종과는 다소 차이가 있으나 대부분의 종파가 생신(生身)과 법신(法身)이 있는 것으로
보았으며 법신에는 계·정·혜·해탈·해탈지견의 5분법신을 가지고 있다고 하여 특수명사가 아니라 고유명사로써 이해하였던 것이다.

그러면 보살에 대해서는 어떻게 생각하였는가.

소승의 보살관

석가모니 부처님은 구원겁래(久遠劫來)로
중생을 제도하기 위하여 갖가지 몸을 나투어
이타행(利他行)을 닦았으므로
소승불교에서는 그 같은 부처님의 원행심을

보살불교로 보았다.

그러므로 소승불교에서는
대승불교에서 말하는 관음·세지·보현·문수 등과
같은 화현보살에 대해서는 아직 생각하지 못했고
오직 1불 가운데서 현신성불하기 전까지의 행을
모두 보살도로 보았던 것이다.
우리 중생들은 모두 업력(業力)에 의해 탄생하였는데,
그와는 달리 부처님은 원력(願力)에 의해
탄생한 것으로 보았다.
그런데 그 원력의 성취를 위하여
3아승지겁 동안 6바라밀을 닦아
8상성도하였다고 본 것이다.

그런데 3아승지겁은 수행할 때 7만5천불(제1아승지겁),
7만6천불(제2아승지겁), 7만7천불(제3아승지겁)을
섬기고 살았는데, 제1아승지겁 중
맨 마지막 부처님은 보계불(寶髻佛)이고,
제2아승지겁 끝 부처님은 연등부처님(燃燈佛),

그리고 제3아승지겁 끝 부처님은
비바시불(毘婆尸佛)을 섬겼으며
유루의 행을 닦았다고 한다.

다음 보살행을 닦을 때도 제1단계에서는
보시, 지계, 인욕, 정진의 4바라밀을 닦고,
제2단계에서는 온갖 복락을 구비하고,
제3단계에서는 왕궁에 있다가 출가 수행하고,
제4단계에서는 보리수 밑에서 성도하였다는 것이다.

그렇다면 그때 닦았던 수행관으로 보면
선정과 지혜가 중심이지만
평상시 재가생활 가운데서 나쁜 일 하지 않고
좋은 일을 한 지악수선(止惡修善)이 첫째이고
둘째는 중선봉행(衆善奉行)이 그것이다.

그러나 전문적인 말로는 어진 현위(賢位)로써는
칠방편(七方便)을 닦고 성스러운 성위(聖位)로써는
사행사과(四行四果)로써 설명하였는데

거기에 사성제(四聖諦)의 행과
견도(見道), 수도(修道)의 두 가지 행이 들어있다.

먼저 윤리도덕적인 면에서는
나쁜 일 하지 않고 착한 일을 하는 신기청정(身器淸
淨)과
가르침을 바로 받아들이는 문혜(聞慧),
가르침을 깊히 생각하는 사혜(思慧)를 배경으로
깊히 선정을 닦으면 수혜(修慧)가 형성된다.
그래서 부처님은
① 몸으로 그릇된 것을 멀리하고 작은 것으로 만족
   하는
② 소욕지족(少欲之足)을 닦았으며
③ 의복, 음식, 와구, 탕약 등에 만족한 삶을 하였다.

이렇게 몸을 청정히 하면 3현위에 올라
4염주(念住)를 닦게 된다.
3현위에서는 ① 부정관(不淨觀) ② 자비관(慈悲觀)
③ 인연관(因緣觀) ④ 계분별관(界分別觀)

⑤ 수식관(數息觀) 등 5정심관(五停心觀)을 닦고,

4염주에서는 신, 수, 심 법(身, 受, 心, 法) 네 가지를 고(苦), 공(空), 무상(無常), 무아(無我)를 관찰하여 전체적으로 개별적으로 낱낱이(別相念住) 관찰하였다.

① 관심무상(觀身不淨)

② 관수시고(觀受是苦)

③ 관심무상(觀心無常)

④ 관법무아(觀法無我)를 통해 전도된 마음이 다스려졌다.

그 다음에는 전체적(總相念住)으로

① 난선근(煖善根)

② 정선근(頂善根)

③ 인선근(忍善根)

④ 세계제일법(世第一法)에 이르러

견도(見道), 수도(修道), 무학위(無學位),

4향4과에 나아가서 성도(成道)하게 되었다는 것이다.

이상의 과정을 간단히 도면해 보면 다음과 같다.

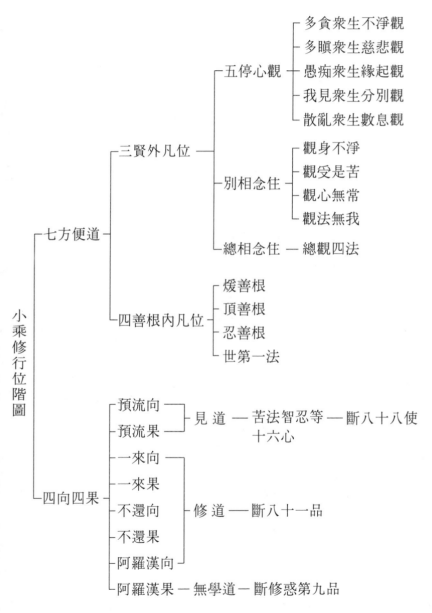

다음 대승불교의 보살도는 다음과 같다.

첫째 불타관(佛陀觀)은 중생을 보는 관점부터가 다르다.
① 깨달을 중생 ② 깨달은 중생
③ 중생을 깨닫게 하는 중생 등,
이것이 보리삿트바(bodhisattva)이다.

깨달을 중생은 위로 깨달음을 구하고,
깨달은 중생은 깨닫고 난 다음에도
보살심을 버리지 않고 중생을 제도하기 위해
4홍서원과 6바라밀행으로 중생을 교화하는 것이다.

그러나 소승불교에서는 그 같은 행이 한 장소,
한 시대에만 국한되어 있었지만
대승불교에서는 그 수행이 전 세계,
우주적으로 확대하여 일체중생을
다 같이 지도하는 것이다.

그러므로 부처님께서 성도 후

일생동안 근기따라 중생을 제도한 것은

응신불(應身佛)의 행이고,

온갖 법계에 그 깨달은 과보의 몸(報身佛)을 나투어

3현(賢), 10지(地), 10회향(廻向)의 일을 하신 것은

보신불(報身佛)의 행이고, 일체중생이 그 마음 속에

본래부터 깨달은 성품을 가지고

보살도를 실천하고 있다고 하는 것은

법신불(法身佛)의 행이다.

그러므로 이것을 삼현(三賢), 십성(十聖), 내외범으로

구분하여 설명하는 방법이 있으나, 복잡하므로

여기서는 화엄경에 있는 52계위를 도면하여

간단하게 설명해 보기로 하겠다.

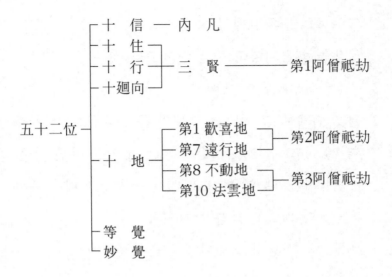

내범위(內凡位)는 나도 부처가 되어

중생을 제도하여야 하겠다는 확신을 가지고

불교를 믿는 지위이고, 다음 10주, 10행,

10회향의 3현(賢)은

제1아승지겁 동안 보살도를 닦는 지위이며,

환희지(歡喜地)로부터 법운지(法雲地)에 이르기까

지의

10지(地)는 제2, 제3 아승지겁의 수행이며,

그렇게 하여 마침내 부처님과 똑같이 되면

등각(等覺)이고, 시대환경을 따라

특별한 아이디어를 가지고 중생을 제도하면

묘각의 위치가 된다.

이것으로서 대소승불교의 수행관을 대강 설명하였
으나
구체적인 것은 대승불전(大乘佛典)에 나아가
각기 공부하시기를 바란다.

대중부계통의 교리관

같은 부파불교 가운데서도 본래 불교와
다른 점이 없는 것을 본종동의(本宗同義)라 하고
조금씩 차이가 난 것은 본종이의(本宗異義)라 한다.
그러면 대중부 가운데서도 일설부와 설출세부,
계륜부 등의 동의와 이의에 대하여 간단히 설명해
보겠다.

1. 현상론(現象論)

(1) 법체관(法體觀)

현상계의 모든 법은 시간 속에 존재하였다.
그러나 이부종륜론에서는
"과거와 미래는 실체가 없다" 하였다.
과거와 미래는 실체가 없기 때문에
이것을 "現在有體 過來無體說"이라 하고,
"법무거래종(法無去來宗)"이라 불렀다.

〈法華玄贊 1권120〉

(2) 중유관(中有觀)

중생의 생명 위에서 보면
사람이 죽으면 즉시 다른 곳에 가서 환생하므로
중간에 돌아다니는 혼령이 없다고 본다.
죽는 즉시 바로 다른 곳에 가서 태어나기 때문이다.

(3) 색법관(色法觀)

5온을 구성하는 것은 사대색신(四大色身)인데,
거기 승의(勝義)와 부진(扶塵) 두 가지 근이 있으므로
정색(淨色)은 따로 없다 하였다.
그러므로 유부에서는 정색으로 만들어진
승의근이 인식작용을 하는 것으로 보고
5근은 경계를 알아보는 작용만 하는 것으로 보았다.

또 유부에서는 두 근 중 정색으로 만들어진
승의근(勝義根)이 인식작용을 하는 것으로 이해하였
는데,
사실 이부에서는 인식작용이 없고

외부를 보는 유리거울과 같다고 하였다.

그러나 본부에서는 보는 것을 식견(識見)이라 하였다.
단지 유부의 묘음(妙音)만이 근식상응설(根識相應
說)을
설하여 일정하지가 않다.

또 발인종(發靷宗)에서는 일체법처는
비소지(非所知)이고 비소식(非所識)이며
오직 깨달은 사람만이 통달할 수 있다 하였다.

그러므로 여기서 말하는 법처는
배색(排色)으로 무표색이라 한 것이다.
그러면 여기서 말하는 법처는 무엇을 말하는 것인가.
그것은 무표색(無表色)을 말한다.
이 색은 소의(所依) 소연(所緣)이 없는 까닭이다.
여기서 말하는 6통 분득자(分得者)와
견도(見道)한 사람만이 알 수 있다.

이를 구체적으로 말한다면 무위(無爲)는
단혹성자(斷惑聖者)만이 알 수 있고,
심소법(心所法)은 6통 중
타심지를 얻은 자만이 알 수 있다 하였다.
그리고 무표색은 극미(極微)하여
진지(眞智)를 얻은 자만이 알 수 있다 하였다.

그렇다면 의처(意處)인 심왕(心王)은 어떤가.
모든 지혜있는 이들은 유루산식(有漏散識)을
얻은 자만이 알 수 있다 하였다.
왜냐하면 심왕은 의처소생이고
심소는 법처소생이기 때문이다.

따라서 심왕은 지혜있는 자들은 누구나 알 수 있다.
모르는 것은 똑 같다.
심왕은 너무 굵어 알 수 없고
심식은 너무 세밀하여 알 수 없다.

그러면 마음과 법을 어떻게 보았는가.

먼저 심법관(心法觀)을 보면,

"색신은 물들기 쉬우나 절대로 물들지 않는다."

이것은 곧 대중부의 특징있는 사상으로

장차 대승불교에 지대한 영향을 준다.

그것은 곧 본(本)이 아니고 객(客)이기 때문이다.

다음 불상응행법관(不相應行法觀)은

"수면(隨眠)은 심도 심소도 심심소도 아니다.

반연하는 바가 없기 때문이다.

전(纏)은 현기(現起)의 번뇌이므로

수면하는 성품이 다르기 때문이다.

그러므로 유부에서는 수면을 번뇌의 1종으로 보았다.

이에 따라 이 학설은

장차 대승불교의 기신론설에 상세히 나온다.

다음 실천론(實踐論)을 보면,

먼저 고관혜행론(苦觀慧行論)에서는

① 방편도(方便道)

② 견도(見道)

③ 수도(修道)

④ 무학위(無學位)로 나누고,

그 같은 수행의 시간(長短)으로 삼지(三祇)를 세웠다.

① 백겁(百劫)

② 출가(出家)

③ 수행(修行)으로 구분하였다.

단지 성인은

① 아라한(阿羅漢)

② 보살(菩薩)

③ 불타(佛陀) 등 3단계로 나누어 설명한다.

그러면 대중부 말파(末派)의 교리는 어떠한가.

복잡하니 대충 제목만을 적어 보겠다.

① 사제점수설(四諦漸修說)

② 제법생기의 차제(自作 · 他作 · 因緣生 · 共作)

③ 根・境・識의 俱, 不起

④ 도와 번뇌의 同別關係

⑤ 색심 轉變說(經律二藏은 方便, 論藏은 眞實)

이상이 대중부에 속하는 일설부와 설출세부,
계륜부의 종합적 학설이다.

다음은 다문부의 학설을 간단히 소개하겠다.

다문부의 학설은 매우 단편적으로 전한다.

① 부처님 음성은 루(漏), 무루(無漏)에 다 통한다.

② 아라한은 여소유(餘所誘), 무지(無知), 유예(猶
    豫), 타영입(他令入), 도인성기(道因聲起), 중 본
    종의 뜻(大天의 5事)와 같다.

또 설가부(說假部)에서는

① 괴로움은 온(蘊)에서 오는 것이 아니다.

② 5온은 실(實)하고 4처, 18계는 가설이다.

③ 죽음은 때가 있는 것이 아니고 죽음은 선업소득

(先業所得)이다.

④ 업에 의하여 과보를 받는다.

⑤ 복으로 인해서 성도(聖道)가 일어난다. 도는 닦아
서 얻어지는 것이 아니다.

⑥ 도는 파괴할 수 없다.

제다산, 서산주부, 북산주부의 교리

① 보살도 : 자신의 원에 따라 악도에 떨어진다. 악
도에 가지 아니하면 악도중생을 제도할 수 없기
때문이다.

② 색도파(索堵派) : 탑에 공양하여서는 대과를 얻지
못한다.

이상으로써 대중부의 교리는 대강만 설명하고
상좌부 교리에 대해서도 간단히 소개하겠다.

상좌부계통(설일체유부)의 교리관

불멸 후 2백 년까지는 경·율을 중심으로 일맥상통

하였다. 그러나 대중부에서 갖가지 논리가 나오자
이를 바로 잡기 위해 불멸 후 200백 년경에
가나연니자의 발지론(發智論)이 나오게 된다.

먼저는 현상론으로서 명·색(名色)에 대한 것을 구
분하고,
다음엔 심·색·불상응(心·色·不相應) 무위 등
5법을 설하고, 시간에 대해서는 3세에 관한 것만
간단히 말했다.

색은 유위법의 체가 되고
무위법의 체는 수·상·행·식 4온과
무위법으로 구분하였다.

법체관은 과거와 미래에는 체가 없고
현재만이 체가 있다 하였으며,
다음 生·住·異·滅하는 4상은 1기만 상속하고
실체가 없어지면 상속하지 않는다 하였다.

다음 심법관(心法觀)에서는

전5식의 염(染), 이염(離染)에 대하여 설명하였다.

염·무염에 대해서는 정리론(正理論)의

① 자상(自相)

② 외무전(外門轉)

③ 무등(無等)

④ 무분별(無分別)

⑤ 수경(隨境)

⑥ 소연(所緣) 등의 학설을 신봉하였다.

또 5식은 자상에만 충실할 뿐 타상엔 관계하지 않는다.

심·심소법은 객체에 문제가 있기 때문이고,

심왕은 호불상응고(互不相應故)라 일심(一心)에

이심(二心)이 구기(俱起)하지 못하기 때문이다.

따라서 대중부에서는 수면불상응행법으로 취급한다.

5의(所依·所緣·行相·時·事)가 평등할 때만

상응하고 심왕간에도 상응하지 않는다 하였다.

다음 실천론(實踐論)에 있어서는

정견(正見)을 실천토록하고 행위는 4向4果로부터

4선근(煖 · 頂 · 忍 · 世第一)에서 그쳤다.

원계(願界)와 유정천(有頂天)에는

무루가 없기 때문이고, 4정려는 모두 4념주에 속하나

정려를 의지하지 않고도 견도에 들어가

아라한이 될 수 있다 하였다.

견사(見 · 思) 등 98사(使)는 3界9地에 9品이 있으므로

81품이 된다하고,

12지에도 5종불환(中般 · 生般 · 有行般 · 無行般 ·

上流般)이 있다고 하였다.

불신(佛身)은 이생범부(異生凡夫)이고,

부처님은 1음으로 일체법을 설하고

8지성도로 법륜으로 굴렸다 한다.

① 일체법은 찰라멸(刹那滅)하고

② 4념처는 일체법에 다 통하며

③ 선도 삼유(三有)의 인이 되고

④ 대중부의 무기법(無記法)을 쓰고 있다.

⑤ 또 심(尋)은 유루(有漏), 무루(無漏)에 다 통하고

⑥ 정중(定中)에 들면 죽지 않는다 하였다.

⑦ 정려(靜慮)에는 루(漏), 무루(無漏)가 있고

⑧ 북구로주 무상천(無想天)에는 성자가 태어나지
  않는다.

⑨ 외도도 5신통까지만 얻는다 하였다.

설산주부, 독자부 등 다른 부의 학설은
소, 대승불교에서 상세히 설명하였다.

삼장결집(三藏結集)

이와 같이 대·소승이 발전하는 가운데서
범부중생들로서는 상상할 수 없는
8만대장경이 조직된다.

제1회 결집

부처님의 가르침은 누가 가르치지 아니하여도

법문이 생긴 내력을 따라 남녀노소가
모두 함께 외우고 다녔다.
그런데 부처님께서 기원전 583년 80을 1기로 입멸하
시자 모든 제자들이 슬퍼하는데 발난타석자가
"무엇을 그렇게 슬퍼하느냐! 모르는 일이 있으면
선배들에게 물어가며 살면 될 것인데!……"
하자 이 말을 들은 마하가섭이
부처님의 가르침을 정리하여야겠다고 생각하고

왕사성 칠엽굴(七葉窟)에 이르러 아사세왕의 후원으로
5백비구들을 모으고 아난존자에게 경장을 외우게 하고
우팔리(優婆離)에게는 율장을 외우게 하여
경 · 율 2장을 결집하게 하였다.

물론 이것은 아직 문자가 생기기 이전의
나이 많은 사람들만 모여 결집하였으므로
상좌결집이라 하여 입과 입을 통해
구전(口傳)되었던 것이다.

경은 아난존자가 그리고 율은 우팔리가 80번 외웠으
므로 80송이라 하였다가 뒤에는 10송율이라 부르게
되었다.
그런데 10대제자와 1200대중이 다 같이
모이지 못하였으므로 이에 반대하는
굴외결집자들도 나오게 되었다.

그러나 이 경과 율은 마하가섭, 아난, 말전지,
상나화수, 우바굽다 등 5대가 전해 내려왔다.
우바굽다의 제자에는 담무덕과 살타다, 가섭유,
비사색, 가차부타 등 5비구가 있었는데,
제각기 자기가 알고 있는 계율을 외우고 선전하여
여기서부터 5부율이 생기게 되었다 한다.

그런데 어느 때 부처님께서
빔비사라 임금님의 초청을 받고 공양하신 뒤
라홀라에게 불발(佛鉢)을 씻도록 하였는데,
명령을 받은 라홀라가 다 씻어 들고 오다가
땅에 떨어뜨려 다섯 조각이 나니,

"이는 장차 나의 교법이 5파로 나누어질 징조다."
하신 일이 있었다 한다.

제2회 결집
제2회 결집은 불멸 후 1백 년경
발사자(地名)에 사는 비구들이 베살리성에 모여
열 가지 법(十事法)을 주장하니
계원사에 살고 있던 야사장로 등이 이를 반대하여
상좌 · 대중 두 부가 생겼다고 한 것은
여러 번 말씀 드린바 있다.

사실 이 같은 사실은 제1회 결집 때와 같이
부처님께서 열반시
"소소한 계율은 버려도 괜찮다."
한데 문제가 있다고 하나 당시의 1전(錢)이
나중에는 수10억 원이 되어도 부끄러워 할 줄 모르는
사람들이 생겨 날 수 있기 때문에
미리미리 경계한 것이다.

따라서 사람따라 생활하기 편리한 계율들을
자기 나름대로 만들어 생활하면서 후배들을 길렀다.
그래서 그때부터 간단 간단한 단경(單經)과
세밀한 계율들이 조목조목 새롭게 조직 되었다.
그러나 그러한 생활상 필요한 계율보다도
수도상 중요한 문제가 생겨났으니

큰 상인의 아들 대천(大天)이 계원사 문앞에서
한 비구가 외우는 글귀
若人造重罪 修善以滅罪 彼能照世間 如月出雲翳를
듣고 깨달음을 얻어 출가하였는데
얼마 되지 아니한 사이에 3장을 통달하여
큰 스님이 되었다.

그런데 하루는 자다가 몽색(夢色)을 하여
옷이 더럽혀지니 제자가 보고,
"큰스님께서도 그런 일이 있을 수 있습니까?" 하니
다섯 가지에 대하여 뜻밖에 다른 사람에게서는
들을 수 없는 가르침을 주었다.

첫째, 아라한이 되었다 하더라도
번뇌가 있는 자는 부정루(不淨漏)가 있을 수 없지만
신체가 건강한 사람은 이성을 생각하지 아니하여도
자연히 누설할 수가 있다.
이것이 저 유명한 여소유(餘所誘)다.

둘째, 무지(無知)인데
아라한도 모르는 일이 있을 수 있다는 것이다.
무지에 두 가지가 있는데,
하나는 후염무지(朽染無知)이고,
다른 하나는 불후염무지(不朽染無知)이니
전자는 없어도 후자는 항상 가지고 있기 때문에
공부하는 사람을 보면 바로 알 수 있으므로
너는 아라한이 되었다, 수다원이 되었다 하고
4사문과를 예언해 줄 수 있다는 것이다.

셋째, 의심이니
아라한이 되었다고 무불통지로 다 아는 것이 아니라
선천적 의심(睡眠生)은 있을 수 있어도

처비처(處非處)가 형성된 사람은
의심(猶豫)이 없다는 것이다.

그러므로 넷째는 남의 인증을 받아
깨달음을 확인하는 사람이 있는가 하면
인증해 주는 사람이 없으면 어느 정도 깨달았는지
확신을 갖지 못하는 사람이 있다는 것이다.

끝으로 다섯째는 도(道)는 소리를 통해
깨달음을 인증할 수 있는데,
어리석은 사람들 앞에서
"아이고 다리야. 아이고 죽겠다"하는 소리를 내서
상대방을 깨우쳐주는 수가 있으니
도인이라고 해서 무정물과는 같지 않다고 강조하였다.

이것이 대천의
5사(餘所誘, 無知, 猶豫, 授記, 道因聲苦起)다.

그런데 이 5사를 상좌부스님들은 인정하지 않았는데,

대중부에서만 인정하였으므로 양 파가 깨달음의 정
신과 계율로 인해
더욱 분명하게 갈라지게 되었다는 것이다.

제3회 결집

제3회 결집은 아쇼카왕의 즉위 17년(불멸 235년경)
왕의 동생 목건연자제수가 1천명의 비구를 모아
파탈리푸트라 성에서 결집하게 된 것이다.

왕이 불법을 독신하자 수 많은 외도들이
머리만 깎고 불교에 잠입하여 불교경전을 흐리게 하
므로 불교정신을 더욱 확고하게 하고자
제3회 결집을 9개월 동안 하였는데,
목건련자제수는 우바리존자의 제5대손으로
태사구, 수시구, 실가바로 계승하여
마지막엔 아육왕의 아들 마혜다에게 전하니
마혜다는 사자국 즉 스리랑카에 이르러 이지유,
우제유, 삼비루, 발타사에게 전하였다.
이들은 모두 계행이 청정하고 지혜가 발달하여

누구도 짝할 이가 없었다.

다시 마혜다는 열반에 이르러 아율다에게 법을 전하니
아율다는 제수닷다, 가라수바나, 지가나, 수마라,
자리수, 마나, 담무덕, 제수, 데바, 수마나, 전나가,
담무파이, 기마, 우바제수, 법파, 아바유야, 데바,
사바에게 각각 전하였다.

마침내 전타라국에는 말전지,
마하데바는 마혜사말 타라국,
사기타는 바나바사국,
담무덕은 아파난가국,
마하담무덕은 마하륵타국,
마하발기다를 유나세계국(희랍),
말시아를 설산변국,
수나가를 울다라국과 금지국,
마혜다를 사자국으로 각각 포교사로 보내
불법을 널리 펴도록 하였고,

시리아, 이집트, 마세돈, 에피로스에도 전도사를 보내
불법을 널리 믿고 실천할 수 있도록 격려하였던 것
이다.

그러니까 제3회 결집은 이론상 말이 많은 율에 대하여
특별히 보충하여 세계 각국으로 포교사를 보내
포교할 수 있도록 깨달음을 격려하였다.

제4회 결집

제4회 결집은 두 가지 설이 있다.

하나는 불멸 4백 년경 5백 보살이 가전연 등
상좌들을 모셔 마명보살을 판수로 아비달마비바사론
1백만 게를 지었다고 하는 것이고,

다른 하나는 불멸 4백 년경 건타라국에서
세우, 협존자, 법구, 묘음, 각천 등 5백 나한 등을 모셔
세우가 상수가 되어 도파계륵론 10만 송을 지어
경장을 해석하고 비리야와 아비달마의 비바사를
각 10만 송을 지어 율장과 논장을 해석하니
모두 30만 송이 되었다고 전한다.

서역기에 의하면 건타라국 카니시카왕이

일찍부터 불법을 독신하여

한 스님씩 모셔 청법하였는데,

하시는 말씀이 일치하지 않아

협존자를 모셔 그 이유를 물으니,

"여래께서 멸한 후 시간이 오래되니

각 부파의 스님들이 자기 중심으로

교리를 고집 전포한 까닭이다."

하니 느낀 바 있어 가습미라국에 큰 가람을 짓고

각 부집(部執)대로 3장을 해석하였다.

이에 왕은 협존자 이하 5백 비구를 따로 모으고

세우보살을 상수로 3장을 해석하니

경·율·론 3장 각 10만 송씩이 편찬되니

자그마치 30만 송 960만 언이나 되었다고 한다.

여기서 아비달마비바사론 200권이 나왔다.

제5회 결집

제4회 결집까지는 부파소승불교의 3장결집이고,

제5차 결집부터서는 대승경론이 결집되었다.

보살처태경에 의하면 불멸 7일만에

대가섭이 500나한님들을 모시고

쿠시나가라 사라쌍수 사이에

10만 세계로부터 8억4천 아라한들과 함께 보살장과

성문장, 계율장 등 총 8장으로 나누어 편집하였다 한다.

아난이 이에 참석하여 7보의 높은 자리에 올라

보살장, 성문장, 계율장 등을 한데 모아

태화장(胎化藏)으로 편집하고,

다음 중음장으로 제2장을 삼고,

마하연으로 제3장,

계율장으로 제4장,

10주보살장으로 제5장,

잡장으로 제6장,

금강장으로 제7장,

불장으로 제8장을 삼으니

비로소 석가모니 부처님의 교리가

원만하게 되었다고 하였다.

그런데 지도론에서는 그때 문수와 미륵 등
보살들이 함께 자리를 같이 하여 완성된 대장경을
철위산에서 결집하여 기사굴산에 남겨놓았다고 하
였다.

제6회 결집

제6회 결집은 다라니 즉 진언장이다. 진언장은

① 소저람장(아난설)

② 비나야장(우팔리)

③ 아비달마장(가나연니자)

④ 반야바라밀다장(문수보살)

⑤ 다라니문(금강수보살)을 각각 설하여 지니게 하
   였다.

그런데 그 뒤 미얀마에서 만 2천 권 불서를
빠짐없이 외우신 스님이 계셔서
정부차원에서 대도량을 만들고 동남아 일대
큰 스님들을 모셔 제7차 대장경 편찬사업을 하여
대장경 전체를 돌에 조각하여 모시고 있다.

이는 세계적으로 가장 완벽한 대장경으로 알려져 있다.

그러면 그 동안 세계 각국에서 낸 대장경
수 10종이 있으나 학자들이 가장 많이
응용하고 있는 일본의 신수대장경 목차를
간추려 정리하면 다음과 같다.

1. 아함경(상, 하) 155부 390권
2. 본연부(상, 하) 72부 334권
3. 반야부(4) 43부 777권
4. 법화, 화엄 (상, 하) 49부 314권
5. 보적, 열반부(상, 하) 89부 431권
6. 대집부 28부 184권
7. 경집부 267부 558권
8. 밀교부 53부 966권
9. 율부 47부 516권
10. 논부(비담, 중관, 유가 등 종합) 863권

여기 여러 경·율·론·소와 각 종파의 역사 등을

종합하여 3053부 11,970권이나 되므로
속칭 8만대장경이라 부르고 있다.
2500년 불교역사를 확실히 알려고 하면
이들 대장경을 근본자료로 하여
현재 각국에 남아있는 문물(文物)들을
종합 정리하여야 하므로 이 사업에 종사하는
세계 각국의 불교학자 및 스님들이
수 천명에 달하고 있다.

그러나 가장 중요한 것은 소·대승 발달사와
대소승불교가 인류사회에 끼친 영향을 정리하면
불교문화의 대관(大觀)을 형성하게 된다.
그러나 그것은 지나간 인류의 이야기를
피상적인 면에서 설명하는 것이 아니고,
불교가 각 나라의 종교와 사상, 민속에
지대한 영향을 끼쳐 왔으므로
불교를 연구하는 사람은
인류문화사를 공부하는 자세로
끈질기게 연구하여야 할 것이다.

이로써 보면 불교의 교권분쟁은
20부파에서 끝나는 것이 아니라
각기 자기 부파를 팽창시켜 가면서도 때로는 임금님,
때로는 외도, 때로는 특별한 기능을 가진 사람들이
부파별로 들어와 부처님의 인연과 반야, 법화, 열반을
꽃피우게 하고 때로는 경ㆍ율 뿐만 아니라
밀교, 논전에 특출한 글들을 발표하여
인도 5천 년 역사를 다시 한번
불교를 통해 빛나게 하고 있었다.

사실 비담 요가는 부처님께서
직접 가르치신 것은 아니었지만
불교 속에 들어와 새로운 경지를 개척하고
새 시대 사람들을 가르치는데
좋은 본보기가 되고 있다.
그러므로 후세 불교를 공부하는 사람은
내것, 네것을 가리지 말고 종합적으로 가르쳐
부처님의 깨달음을 더욱 확실하게 펴주기 바란다.

장아함(長阿含)

제1품 계행다발품

1. 하느님의 그물경(Brahmajala Sutta)

―유행자 쑵삐아와 부처님―

부처님께서 어느 때 라자가하(왕사성)[1] 시에서
500명의 제자들을 거느리고 나란다[2]로 가다가
암발랏티까3) 왕립별장에서 하룻밤을 묵게 되었다.

유행자 쑵삐아[4]는 제자 브라흐마닷따와 함께
따라오면서 별장에 같이 묵게 되었는데,
온갖 논리와 잡설로 부처님을 칭찬하기도 하고
또 비방하기를 그치지 아니 하였다.

---

1) 마다가국의 수도. 지금의 라자기르. 비하르 남쪽에 위치함.
2) 라자기르에서 14km 떨어진 바라가온, 싸리뿟따의 고향. 자
   이나교의 발상지
3) 망고나무가 있는 동산. 여기에 임금님의 별장이 있었음.
4) 회의론자. 브라하마닷따의 스승

그러나 부처님은 이에 대해 전혀 대꾸하지 아니했으므로 이튿날 아침 제자들이 말했다.
"참으로 놀라운 일입니다. 예전에 없던 일입니다. 어제 종일토록 스승 쑵삐야가 부처님을 헐뜯고 제자 브라흐마닷따는 비방하였는데 부처님은 이에 대해 일언반구도 없으니 참으로 희한한 일입니다."

그때 세존께서 말씀하셨다.
"수행승들이여, 다른 사람들이 나를 비방하든 칭찬하든 그대들은 거기에 대하여 적대하지 말고 낙담하지 말며 분개하지 말라. 화내고 불쾌해 하면 수행에 장애가 있다.

먹고 입고 자는 것에 대해서는 갖가지로 말할 수 있지만 여래의 삼매와 지혜, 덕성에 대해서는 감히 말로 다 할 수 없다.

그들은 잘못된 견해, 즉 영원주의, 유한무한론,

회의주의, 우연론, 사후지각론, 사후무지각론,
사후비유비무지각론, 허무주의, 현세열반론 등,
62견의 잘못된 견해를 가지고 있다.

나는 그 견해에 대해서도 다 알며 보고 있기 때문에
거기에 이끌리지 (함부로 휘둘리지) 않는다.

6감이 접촉하면 거기서 목마른 사랑이 생기고
목마른 사랑은 그것을 조건으로
집착, 존재, 태어남이 생겨나고
태어나면 늙고 병들고 죽는 슬픔, 비탄,
고통, 근심, 절망이 생겨나기 때문이다.

그래서 나는 6감의 발생과 소멸, 유혹과 위험,
여읨을 알아 잘못된 견해를 벗어나 해탈하게 된 것이다.
누구나 62견에 걸리면 거기에서 벗어나지 못해
오랜 세월 몸부림치면서도 오르락내리락
마치 그물에 걸린 물고기가
꼼짝 못하는 것과 같이 되고 만다.

그래서 후세 사람들은 이것을

본말양견(本末兩見)과 3세(世) 4구(句)를 대비하여

다음과 같이 도면으로 표시하고 있다.

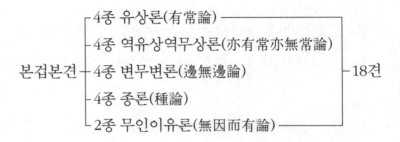

본겁본견 ─ 4종 유상론(有常論) ─
          4종 역유상역무상론(亦有常亦無常論)
          4종 변무변론(邊無邊論) ─── 18견
          4종 종론(種論)
          2종 무인이유론(無因而有論) ─

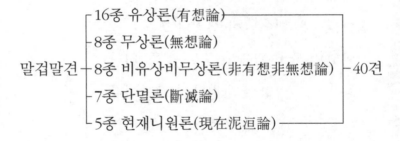

말겁말견 ─ 16종 유상론(有想論) ─
          8종 무상론(無想論)
          8종 비유상비무상론(非有想非無想論) ── 40견
          7종 단멸론(斷滅論)
          5종 현재니원론(現在泥洹論) ─

또 과거 · 현재 · 미래 3세에

색(色) · 수(受) · 상(想) · 행(行) · 식(識) 5온을 곱하고

그것을 다시 유(有: 定立), 무(無: 反定立), 역유역무

(亦有亦無: 肯定綜合), 비유비무(非有非無: 否定綜合) 등

낱낱이 4구(4句)와 대비하여

단(斷), 상(常)을 보태 62견을 만든 것도 있다.

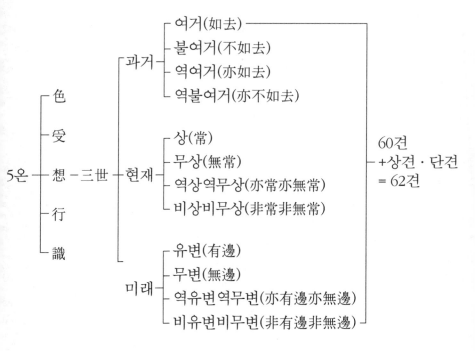

또 5온에 3세 4구하여 만든 것도 있다.

5온×3세
(15×4)
- 즉온시아(卽蘊是我)
- 이온시아(離蘊是我)
- 온대아소아제온즉(蘊大我小我諸蘊卽)
- 60見+斷·常 =62見

또 4구의 해석은 위와 같이 하면서

4구와 3세를 배대하여 다음과 같이 설한 것도 있다.

5온×3세
- 상등사구(常等四句)
- 변등사구(邊等四句)
- 여거등사구(如去等四句)
- 60見+斷·常 =62見

2. 수행결과 경(Samannaphala Sutta)

―의사 지바카와 꼬마라밧찌 망고숲―

부처님께서 라자가하에 있는
지바까 꼬마라밧짜[5)의 망고숲에 계실 때,

마가다국 베데히왕비(王妃)의 아들 아자따싸뚜왕[6)이
대신들과 함께 삼층 누각에 앉았다가
4월 연꽃이 활짝 핀 것을 보고 물었다.

"오늘 포살일 아름다운 보름날,
누구와 함께 무엇을 하면 좋겠는가?"
"교단을 갖추고 있는 막칼리 꼬쌀라를 뵙는 것도

---

5) 의사 지바까의 이름. 불제자 중 '사람들에게서 사랑받는 자
   가운데 제일'로 왕자 이바야가 쓰레기더미에 버려진 창부의
   아들을 길러 딱까실라성 잇대이사에 보내 의학을 전공, 빔비
   사라왕과 부처님의 시의가 된 제가신자로서 예류과(預流果)
   를 증득함.
6) 베데히는 빔비사라왕의 부인이고 아자따싸뚜왕의 어머니다.
   아자따싸뚜는 꼬쌀라국 빠세나다왕의 조카이다. 마가다국은
   빔싸야반띠와 함께 인도 4대 강국의 하나였고, 1500평방km
   의 국토에 8만개 이상의 마을을 가지고 있었다. 제3대 아쇼
   카 때는 전 인도를 통일하고 불교를 전세계에 퍼뜨린다.

유익할 것 같습니다.”

이렇게 아찌따 께싸깜발린, 빠꾸다 깟짜야나,
싼자야 벨랏타뿟따, 니칸다 낫타뿟따[7]등
이름 있는 학자 종교인들을 돌면서
그곳에 가서 법문을 듣자고 하였다.

그런데 의사 지바까 꼬바라밧짜가
“폐하께서는 이름난 세존을 뵙는 것이 좋을 것 같습
니다.”
“그렇다면 코끼리를 준비하라.”
이렇게 하여 500마리의 암코끼리와 함께
임금님은 코끼리를 타고 꼬마랏밧짜 망고숲에 이르자
머리가 곤두섰다.

---

7) 뿌라나 깟씨바는 도덕부정론자이고, 막칼리 꼬쌀라는 윤회
청정설을 주장한 자이며, 아찌따 께싸깜발린은 허무주의자,
빠꾸다 깟찌야나는 7대요소설자, 싼자야 벨랏타뿟따는 회의
론자, 니간타 낫타뿟따는 금계주의자로 당시 인도에 유명한
종교학자 여섯 명을 큰 스승이라 불렀다. 그러나 불교는 연
인론으로 삼매(올바른 감각능력과 새김수행으로 장애를 제
거하고 4선정을 닦음)와 지혜(정신통일로 여러 가지 신통을
나타내 자신을 봄)로써 모든 것을 판단하였음.

"스님들이 1250명이나 함께 있다고 하였는데
어찌하여 이렇게 조용한가?"
"원형당으로 들어가 보십시오."
원형당 안에는 1250명의 수행승들과
부처님이 함께 계셨는데 숨소리 하나 들리지 아니하
였다.

"세존이시여, 행복하십니까?
이 세상 모든 왕과 백성들은 자기가 가지고 있는
직업을 통하여 이 세상을 복되게 살아가고 있습니다.
그러나 오늘 제가 뵙는 이 수행자들처럼
행복한 모습은 볼 수 없었습니다.

일찍이 도덕부정론자 뿌라나 깟싸빠도 만나보았고,
윤회청정선을 가르치는 막칼리 꼬쌀라,
허무주의자 아지따 께싸깜발라,

입곱 가지 요소설을 주장하는 빠꾸나 깟짜야나,
금계제어론자 니칸타 나타뿟따,

회의론자 싼자야 벨랏티뿟다 등을 모두 다 만나 보
았지만 이렇게 평온한 분위기는 처음 봅니다.

　출가 공덕이 어디에 있습니까?”
“대왕이시여, 당신은 태어난 이후로 평민과 노예,
왕족, 바라문께 인사 드려본 일이 있습니까?”

“예, 바라문, 왕족들에게 인사드린 일이 있지만
평민과 노예에겐 인사한 일이 없습니다.”
“여기 앉아 있는 1250명 가운데는
4성계급이 모두 다 있습니다.

이들이 만일 출가하지 아니 했다면
어떻게 임금님의 절을 받을 수 있겠습니까.
그러니 이것이 첫 번째 출가공덕이고,
둘째는 세상 사람들이 구하는 옷과 먹을 것,
집 등 기타 여러 가지 물건들을 가지고 있지 않아도
불안한 마음이 없어 이렇게 평온하게 살아갑니다.

하루에 한 때만 먹고도 넉넉한 마음으로 삽니다.
그것은 일찍이 출가하면서 세속적인 모든 것을 버렸고
또 수행하면서 6근이 6경을 보고
이끌리는 마음이 없어졌으며,

어떤 사람들은 4선 · 8정을 얻어 삼매 속에서
새김과 확립을 바로 하여
어떠한 번뇌도 그를 다 제거할 수 있게 된 까닭입니다.

또 천안통, 천이통, 타심통, 숙명통 등 신통력을 얻어
과거를 기억하고 번뇌를 쳐부수고
마음이 어느 것에도 매인 바가 없기 때문에
대자유를 얻은 것입니다.
이것이 제3, 제4의 출가 공덕입니다.

"참 거룩합니다. 세존께서는 넘어진 자를 일으켜 세
우고,
가려진 것을 열어 보여 어리석은 자를 깨닫게 하고,
어둠 속에서 등불을 밝히는 것 같습니다.

저도 오늘부터 삼보에 귀의하여

불교신자로서 부끄러움 없이 살고자 하오니

가르쳐 주십옵소서."

"좋은 일을 하시고 지혜롭게 사십시오.

그렇게 살면 후회하지 아니할 것입니다."

왕은 감사하고 돌아갔는데, 부처님께서 말씀하셨다.

"만약 왕이 자신을 해치고

아버지인 왕의 목숨을 빼앗지 않았다면

오늘 이 자리에서 티끌 없고

때가 없는 진리의 눈(法眼)이 열렸을 것이다."

3. 암밧타경(Ambattha Sutta)

　—바라문제자 암밧타가 부처님을 뵙고
　자신의 족보를 알게 된 내력—

어느 때 세존께서 5백 명 수행자들과
꼬쌀라국을 유행하시다가
바라문 마을 잇차낭갈라[8)]에 도착하였다.

이때 욱캇타사에 살고 있던 뿍카라사띠 바라문이
부처님께서 그곳에 오셨다는 소식을 듣고
유능한 제자 암밧타를 보내
진실로 그가 그렇게 훌륭한 인물인지
알아보고 오라고 하였다.

암밧타가 물었다.
"제가 어떻게 그분이 그렇게 훌륭한 어른이신 것을
알 수 있습니까?"

---

8) 잇차낭갈라는 바라문들의 명문도시로 당시 유명한 짬끼 따
　룩카, 뿍카라시띠, 자눗쏘니, 또데이야 바라문 등이 여기 살
　고 있었다.

"32상 80종호를 구비했으면 전륜성왕이 아니면 부처다."

그래서 여러 학인들과 가서
앉아 계신 부처님께 서서 문안을 드렸다.
그런데 부처님이 물으셨다.

"암밧타여, 그대는 존귀한 스승의 제자라면서
그대 스승 앞에서도 그렇게 서서 문안하는가?"
"우리는 하느님의 머리로 태어났으므로
그렇지 않은 사람에 대해서는
서서 이야기해도 상관없습니다."

"그런데 무엇인가를 찾기 위해 이곳에 온 것 같은데
그렇다면 아직 그 인격이 완성되지 못한 상태에서
그렇게 자만하다면 되겠는가?"

"사끼야족은 잔인무도합니다.
태어나면서 천민이면서 바라문들을 존경하지 않습니다."

"사끼야족이 그대에게 무슨 죄라도 범했는가?"
"옛날 존자 뿍카라사띠의 심부름으로
까삘라시 공회장에 간 일이 있습니다.
그런데 그곳 왕자들이 한 사람도
나에게 자리를 내어주지 않았습니다."

"메추라기도 제 집 속에서는 지저귀며 노래하는데
하물며 싸끼야족들이 자기 고향에서 이야기하고
노는 것을 천시하며 화를 낸다는 것은
어울리지 않는 이야기다."

"싸끼야족은 세 번째 천민 가운데 하나입니까?"
"암밧타여, 그대의 조상을 추적하면
싸끼야족들이 그대의 주인이다.
그대들은 싸끼야족 하녀의 자손이기 때문이다.

그대의 선조는 옥까까왕(감자왕: 싸끼야, 꼴리아족의
조상) 아닌가. 큰 황후에게서 무까무카, 까라깐다,
핫띠니까, 씨니뿌라를 낳아 왕위를 계승시키려 하자

계모가 추방하여 히말라야 산속 연못가에
자리잡게 되었는데 그때 그들이 혼혈을 두려워하여
자신들의 자매와 결혼하여 동거하게 되었다.

그런데 그 뒤 옥까까왕께 디싸라는 하녀가 들어와
아들 깐하를 낳았는데 깐하는 검둥이였으므로
악귀라 부르게 된 것이다.

그런데 그대는 자신의 조상에 대한 이야기를
이렇게 들은 적 있는가?
"만일 그대가 사실적으로 대답하지 않는다면
금강신장에게 맞아 죽을 것이다."

그때 금강신장이 금강저를 들고 몰래 나타나자
암밧타는 놀라 사실대로 고백하였다.
"부처님 말씀이 맞습니다."

그러자 동행학인들이 업신여기는 눈빛을 보냈다.
그때 부처님이 말씀하셨다.

"깐하는 그 후 남쪽비장에 내려가 신선공부를 하고
옥까까의 사랑하는 딸 맛타루뼈와 결혼하여
대바라문가를 형성하였다.

그러나 이로써 보면 찰제리나 바라문이
원래 한 배를 탄 사람인데 바라문은 공부를 열심히
하여 천지자연의 이치를 잘 아는 사람이 되었고,

찰제리는 나라를 다스리기 위하여 전쟁을 많이 하다
보니 공부가 바라문과 같이 되지 못한 것이다.
그러니 종족을 따져 계급을 나누지 말고
그 인격을 중심으로 사람을 대접하여야 한다."

하고 다음과 같이 노래 불렀다.
"성씨를 의지처로 하는 사람들 가운데서는
왕족이 최상이고,
명지와 덕행을 갖춘 자들 가운데서는
바라문이 최상이다.

그러면 그 명지(明智)와 덕행은 어떻게 이루어지는가?

명지와 덕행에는 태생, 성씨를 내세우지 않는다.
세속에서는 학문과 지혜를 갖추고
마음씨를 착하게 써야 하지만
출세 속에서는 계를 지키고
삼매를 닦아 선정을 완성하여야 한다.

생명을 사랑하고 식사를 조절하며
꽃과 향료, 화장품으로 몸과 집을 꾸미지 않고
금은 등을 몸에 지니지 않고
날고기, 곡식, 하녀, 축생, 전답을 가지지 않고
노예를 딸리지 않으며 장사하고 거래하지 않는다.

또 가무, 음곡을 가까이 하지 않고
찬란한 이불, 장식품을 사용하지 않으며
점치고 굿하지 않는다.

관상 보지 않고 택일하지 않고

길흉화복을 위해 주문을 외우지 않는다.
시각 · 청각 · 후각 · 미각 · 촉각 ·
정신을 다스려 탐착하지 않고

악의, 해태, 의심을 받지 않게 하고
때를 벗고 건강하여 감옥이나 노예로 묶여있지 않고
돈과 재물의 노예가 되지 않는다.

이렇게 해서 초선, 2선, 3선, 4선을 넘으면
저절로 통찰력이 생겨 정신이 청정해져
여러 가지 신통력을 얻어

보지 못한 것을 보고, 듣지 못한 것을 듣고
남의 마음을 알아 소원을 성취 시켜주고
전생 일을 알아, 버려야 될 것을 버리고
끊어야 될 것을 끊는다.

그렇게 못하면 공부한 사람도 천평봉을 들고 다니며
떨어진 과일을 주워 먹어야 하고

나무 뿌리나 열매로 연명하고

회당을 짓고 불신(火神)을 섬기는 어리석은 자가 되고
사거리에서 길을 안내하는 사람이 되고 말 것이다.
혹 그 가운데 잘 됐다고 하는 자연인이 속칭 신선이다."

 암밧타와 그의 동행인들은 이렇게 법문을 듣고 부
 처님의 32상 80종호를 확인한 뒤
가서 스승에게 보고하니
스승은 그 길로 와서 부처님을 뵙고
귀의한 뒤 대중스님들을 함께 초청 공양하였다.

4. 쏘나단다경(Sonadanda Sutta)

―국로 바라문이 부처님을 뵙고 귀의한 곳―

어느 때 부처님께서 5백 명 수행승들과 함께
앙가국 짬빠시의 각가라 연못가[9]에 계셨다.

빔비사라왕의 증여지에서 평온하게 살고 있던
바라문 쏘나단다가 저택의 높은 층에 올라가
많은 사람들이 그쪽을 향해 가는 것을 보고
함께 가기를 희망하니
여러 바라문들이 집으로 와서 말렸다.
"존자 바라문이여, 가지 마십시오.
대부호로서 조상의 혈통이 청정하고
3베다에 정통하신 바라문께서 찾아가시면
바라문의 위신이 말이 아닙니다.

명성이 높고 기품이 수려하고

---

9) 앙가국은 마가다 서족에 있던 16대국의 하나로, 짬빠(원래는
   나무 이름)시는 앙가국의 수도(현 바갈쁘르), 각가라 연못은
   이 나라의 재1황후인 각가라가 만든 것이다.

계행이 청정하신 바라문 가운데서
존장으로 대접받고 있는 국로께서
젊은 고따마를 찾아뵙는다는 것은
격에 맞지 않습니다.

그분을 집으로 초대하십시오.”
“아니 될 말입니다. 고따마야말로 혈통이 청정하고
빔비사라 임금님의 귀의를 받고 있고,
한 나라의 왕자로서 출가하여
젊은 나이에 도를 깨달았으니
얼마나 훌륭한 분이십니까.

인물도 뛰어나고 계행이 청정하여 훌륭한 대화자로서
스승 가운데 스승이십니다.

세상 사람들이 감각적 쾌락에 물들어 있을 때
갖은 고통 속에서 대해탈을 얻어
온 세상을 내 집안으로 알고
모든 중생을 가족처럼 살피고 있으니

그 분 보다 더 높은 분이 어디 있습니까.

천신들의 스승으로
그는 어느 곳에 가도
세상과 세계를 시끄럽게 한 일이 없다고 들었습니다.

그런 성스러운 사람이
우리 마을 고향 근처에 오셨다고 하는 것은
영광입니다.
마가다국 왕과 왕후, 귀족, 친지들이
모두 귀의하여 그의 가르침 속에서
평화를 누리고 있습니다.

나는 그분이 여기서 백리 밖에 계신다 하더라도
음식 자루를 어깨에 메고 만나러 가겠습니다.”

그런데 그는 수행자들과
고따마 부처님을 만나러 가면서 그런 생각을 했다.
“만약 그가 나에게 어려운 질문을 하여

답변하지 못하게 된다면 그런 망신이 없는데,
바라문에 대한 질문만 했으면 좋겠다."

그런데 여러 바라문들과 함께 가서 인사를 드리고
한 곳에 앉으니 부처님께서 그 마음을 알고 물었다.
"쏘난단다 바라문이여,
바라문은 어떤 조건을 갖추어야 합니까?"

"①혈통이 청정하고, ②베다에 능하며, ③위엄이 있고,
④계행을 갖추고 ⑤지혜로우면 바라문이라
할 수 있습니다.

그러나 이 다섯 가지 가운데
외모가 조금 부족한 사람이라든지
베다를 다 능통하지 못했다 하더라도
계행이 청정하고 지혜로우면
바라문으로서 인정을 하게 됩니다."

그때 바라문들이 항의하였다.

"그렇게 말씀하시면 바라문의 체면이 서지 않습니다."

"보십시오. 이 가운데서 세존을 빼놓고는
나의 조카 앙카까가 제일입니다.

만일 그가 아무리 인물이 좋고
베다에 통달하였다 하더라도
생명을 죽이고 주지 않는 물건을 빼앗고
남의 아내를 범하고 기짓말을 하고
술 마신다면 바라문으로서 체면이 서겠습니까?
그래서 나는 계행과 지혜가
바라문의 최고의 덕이라 생각합니다."

그때 부처님께서 말씀하셨다.
"바라문 대존자시여,
지혜는 계행에 의해서 씻겨지고,
계행은 지혜에 의해서 씻겨집니다.
만약 그렇게 씻겨진 사람이 왕과
국가(백성) 후예들에게 세계에서
처음도 좋고 중간도 좋고 끝도 좋은

완전한 가르침을 보인다면
그자가 바로 소라껍질처럼
깨끗한 바라문이 될 것입니다.

그러므로 나는 스님들에게 먼저 선과 계를 가르치고
환락에 빠지지 않도록 가르치며 무소유를 가르칩니다.”
“그뿐 입니까?”
“그렇지 않습니다. 몸과 입과 뜻이 정화된 사람에게는
4선·8정을 가르쳐 마음속의 장애를 제거하도록 하고,
청정한 삶을 실천하도록 가르치고 있습니다.
이렇게 해서 정신적인 면에서 통찰(洞察)이 이루어지면
저절로 눈, 귀, 코, 혀, 몸, 뜻이 터져 6신통을 얻고,
3세의 일을 알 수 있으며,
하늘눈과 하늘귀로 타인의 마음을 알아
번뇌를 부수고 궁극적인 깨달음을 얻을 수 있게 됩
니다. 그러니 자기 공부는 자기가 해야 하는 것이고,
자기가 보고 들은 일은 남에게도 보고 들을 수 있다
하여 털끝만큼도 의심이 생기지 않도록 해야 하는 것
입니다.

"참으로 훌륭하십니다, 세존이시여.
저희들도 삼보에 귀의하오니
재가신자들로서 받아주시옵소서.
내일 저희 집에서 대중공양을 하겠사오니
저희의 공양을 받아 주시옵소서."

5. 꾸따단따경(Kutadanta Sutta)

―꾸따단따와 부처님과의 제자 이야기―

부처님께서 5백 명의 수행승들과
마가다국 바라문촌 카누마따 맘발랏티까에 계셨다.

그때 마가다국 빔비사라왕에게서 봉토를 받아
풍요롭게 살고 있는 꾸따단따가 제사를 지내기 위해
7백 마리의 염소와 양을 잡으려고
나무 기둥에 매달아 놓고 있었다.

그런데 부처님이 오셨다는 소식을 듣고
이 마을 저 마을에서 사람들이 줄을 지어 갔다.
그 광경을 보고 바라문 꾸따단따도
그의 참모와 함께 따라가니 동행자들이 말했다.

"젊은 고따마가 와야지
늙은 바라문이 가서야 되겠습니까?"
"탁월한 덕성과 뛰어난 깨달음을 얻으신
부처님이 오셨는데, 백 리 밖에 있더라도

내가 찾아가 뵈어야지요."

하고 가서 인사 드리고는 물었다.
"제사에는 세 가지 확립과
16가지 물건을 맞추어야 한다고 하는데,
고따마께서는 아십니까?"

"옛날 마하삐찌왕이
세상에서의 마지막 제사를 크게 한 번 지내고자
왕족, 신하, 바라문, 장자, 부호들께 알리니
모두 좋다고 찬성하자,

① 어디 출생이 청정하고,
② 빼어난 용모를 갖추고,
③ 막대한 금은을 갖고,
④ 충성스러운 노예를 갖고,
⑤ 농토를 개간하여 많은 공덕이 있고,
⑥ 이것저것 많은 지식을 갖추고,
⑦ 여러 가지 의미를 갖추고,

⑧ 3세를 고찰할 수 있는 현명한 지혜를 가진 바라문
　을 임금님이 직접 선출하여

① 출생이 깨끗하고,

② 3베다에 능통하고,

③ 계행이 청정하고,

④ 제사에 능통한 바라문으로 하여금 제사를 지내게
　하였다 합니다.

그런데 사제께서 물었습니다.

① 재산의 망실을 후회하지 않겠습니까?

② 살생에 대한 과보를 감당할 각오가 되어 있습니까?

③ 주지 않는 것을 빼앗지 않고,

④ 범법자에게도 사랑을 베풀며,

⑤ 거짓말 한 자도 용서하고,

⑥ 이간질 한 자,

⑦ 욕지거리 한 자,

⑧ 꾸미는 말 한 자,

⑨ 탐내고 성내고,

⑩ 삿된 견해를 가진 자도 용서할 수 있습니까?

'예, 할 수 있습니다.'

'그렇다면 어떠한 사람도 임금과 같은 제사를 지내지

않도록 약속하고 위대한 제사를 지내도록 하겠습니다.'

하고 왕족과 대신, 부자, 바라문,

장자, 거사, 군인 등 누구도

왕과 같은 제사를 지내지 않기로 약속하고

제사를 지냈기 때문에

그 제사에는 소, 말, 돼지, 양, 닭, 개 할 것 없이

한 마리도 제사로 인해 희생된 것이 없었습니다.

이 광경을 본 백성들이 너 나 할 것 없이

재물을 가지고 와 봉헌하였으므로

세금을 들여 제사를 지낸 것보다도

몇 백, 몇 천 배의 효과를 거두었습니다.

결국 나라의 임금님은 짐승들과 물건을 가지고
어려운 사람, 병든 이들을 돕고,
고아, 노인들을 보살펴 만민이 즐거워하는
세상을 만들었다고 합니다."

꾸따단따가 다시 물었다.
"이렇게 거창한 큰 제사가 아니고
간소하게 지내는 작은 제사에도 과보가 있습니까?"
"조상 전례의 제사입니다.
조상을 위해서 계율을 지키고
승가에 보시하고 삼보께 공양하는 것입니다.

만일 거기 계 · 정 · 혜 3학을 갖추고
삼매를 닦아 선정을 이루고 6신통을 구족한다면
그보다 더 큰 제사는 없을 것입니다.
하물며 번뇌를 여의고 성불하는 공덕이야
더 말할 것 있겠습니까."

그길로 꾸따단따는 집에 돌아와 짐승들을 풀어주고

부처님과 스님들을 초대하여 공양을 올린 뒤
마을 사람들과 함께 계를 받고 삼보에 귀의하였다.

6. 마할리경(Mahali Sutta)

─천상의 소리와 영혼 이야기─

부처님께서 베쌀리시 마하시 숲
꾸따가라 중각 강당에 계실 때

많은 꼬쌀라족 바라문과 마가다국 사신들이
베쌀리시에 모여 있다가 부처님께서 꾸따가라
강당에 계신다는 말을 듣고 찾아가니
마침 입정시간이 되어 뒤에 찾아온
릿차비족 옷탓다까지 한 쪽에 앉아
부처님과의 대면을 기다리고 있었다.

이 광경을 본 새내기 수행승 씨하가
깟쌋빠 존자에게 알려 부처님을
뵈올 수 있도록 부탁하였다.
이때 씨하는 부처님의 명령을 받고
승원 노을진 곳에 자리를 마련하고 부처님을 모셨다.

이에 두 나라의 바라문들과 릿차비족의 옷탓다가

인사를 드리고 자리를 앉아 물었다.

"세존이시여, 릿차비족의 아들 쑤닥캇타가

공부한 지 3년 만에

감각적 쾌락을 갖춘 매혹적인 천사의 모습을 보았지만

천상의 소리는 듣지 못했다 하는데,

천상의 소리가 진짜 존재하는 것입니까?"

"존재한다. 동, 서, 남, 북 4유 상하를 향해

삼매를 닦으면 먼저 형상을 보고

다음에 소리를 들을 수 있다."

"그렇다면 삼매는 이러한 모습과

소리를 듣기 위해 닦는 것입니까?"

"아니다.

이 보다 더 높고 깊은 차원의 공부를 위해서 닦는 것

이니 먼저 5하분결(貪·瞋·癡·慢·疑) 가운데

개체가 있다는 견해(有身見)와 의심,

규범과 금계에 대한 집착을 끊고

예류자(預流者)의 일곱 번째 열반에 든다.

그리고 다음에는 일래향(一來向) 일래과(一來果)를 얻고 감각적 쾌락에 대한 탐욕, 분노, 어리석음을 없애 마음에 자유를 얻으면 거기서 지혜가 나타난다. 지혜가 나타나면 해탈하게 되기 때문이다.

해탈한 사람은 무엇이든 바르게 보고 바르게 생각하고 바른 언어와 행위, 생활, 정진, 새김으로 집중한다.

옛날 내가 꼬쌈비 시 고씨따승원에 있을 때 유행자 만딧따와 다루빳띠까의 제자 잘리야가 와서 물었다.

"영혼과 육체는 같습니까, 다릅니까? 그리고 수행승들은 어떻게 계율을 지닙니까?"
"몸과 입과 뜻을 단속하고 무소유 생활로 집착을 버린다. 나, 내 것으로부터 세계와 중생, 색, 심, 일체를 떠난다.
감각적 능력을 떠나고 새김을 통해 올바로 알아차리고 장애를 제거하고 4선정에 나아가 지혜를 개발하면

못 보던 것을 보고, 못 듣던 것을 듣는다.
남의 마음을 알고 세상을 괴롭게 하지 아니하며
자기를 구속시키지 않는다.

자, 나의 소리를 듣고 보니 잘리야여,
영혼과 육체가 같은가 다른가?

모든 사람들은 중도를 얻고 깨달음을 실천하였다.

7. 잘리야경(Jaliya Sutta)

―영혼과 육체에 관하여―

부처님께서 꼬쌈비시 고씨따 승원에 계실 때
유행자 만딧싸와 다루빳띠까의 제자인
잘리야가 와서 물었다.
"영혼과 육체가 같은 것입니까?"

부처님은 직접 그에 대한 답을 하시지 않고
앞의 마할리경에서 설한 것과 같이 계행과 삼매,
지혜를 설한 뒤 완전히 벗뇌에서 벗어나는
방법을 가르쳤다.

이와 같이 보고 아는 것이
곧 영혼과 육체가 같고 다른 것을
아는 방법이기 때문이다.

8. 위대한 사자후경(Mahasihanada Sutta)

─고행속에서 해탈한 깟싸빠─

부처님께서 꼬쌀라국 우중나시
깐나깟탈라 미가디야(동물원: 녹야원)에 계실 때
벌거벗은 유행자 깟싸빠가 와서 물었다.

"세존이시여, 세존께서는 모든 고행자들을 꾸짖고
힐난한다 들었는데, 사실입니까?"
"내가 인간을 초월한 하늘눈으로 보니
어떤 고행자는 죽은 뒤
괴롭고 나쁜 곳에 태어나기도 하고,
어떤 사람은 하늘나라에 태어나기도 한다.

그런데 일반적으로 말한다면
그것은 잘못 전해진 것이다.
어떤 수행자들은 현명하고 영민하고 솜씨가 뛰어나
한 올의 머리털도 쏘아 맞힐 수 있는
지혜를 가진 사람도 있다.

그런데 내가 어떻게 이것을 옳다, 옳지 않다
말 할 수 일겠는가.
옳다고 말하면 다른 사람들은
옳지 않다고 말한 것이 되고,
옳지 않다고 말하면 다른 사람들은
옳은 것이 되니 이것이 세상이다.

단지 나는 그들 스승들과 악하고 불건전한 것,
잘못된 것, 섬길 필요가 없는 것,
불가능하고 버려야 할 것에 대해서만 이야기한다.
그것도 상대방 현자들의 의견을 물어 듣고 검토한 것
이다. 우리가 실천하는 길은 여덟 가지 고귀한 길(八
正道)이다."
"어떤 수행자는 벌거벗고 편의를 거부하고,
손바닥을 핥고, 초대나 환대를 거부하고,
제공된 음식, 할당된 음식을 거부합니다.
또한 옹기나 냄비에 떠주는 것을 받지 않습니다.

한편 문지방이나 지팡이가

가로 질러 있는 곳에는 앉지 않으며,

둘이 함께 식사할 때,

임신부, 젖먹이는 여자, 남자에게 안긴 여자 등이

있는 곳에도 들지 않습니다.

모아진 것을 받지 않고,

개, 파리가 득실거리는 곳에서도 받지 않고,

불고기, 고기, 후추, 과일주, 발효된 죽은 받지 않습

니다.

하루 한 끼, 한 집에 머물고,

혹은 두 개부터 일곱 개를 위해 일곱 집에 머물고,

한 번 주는 것부터 일곱 번 주는 것만으로 살고,

혹은 하루 한 번 내지

7일에 한번 식사하는 것으로 삽니다.

그들은 오직 야생쌀, 기장쌀, 가죽조각,

이끼만 먹기도 하고, 쌀겨, 반죽, 참깨

가루, 풀, 쇠똥, 나무 열매,

그것도 자연적으로 떨어진 것만 먹고 살기도 합니다.

또 입는 것은 삼베옷, 섞어 짠 옷,
시체의 누더기옷, 나무껍질, 영양 가죽,
가죽끈, 길상초, 머리카락, 말꼬리, 올빼미털,
수염으로 만든 것만 입고 계속 서 있거나
웅크리고 있거나, 어떤 깔개도 없이
땅바닥에서 자거나 가시로 된 침상을 사용하며,

오물을 먹거나 냉수를 마시거나 하면서
하루에 세 번 목욕하는 것으로써
수행을 삼는 자도 있습니다."

"깟싸빠여, 비록 그렇게 지내는 사람이 있다 하더라도
그것은 올바른 수행이라고 볼 수 없으니
그자가 어떤 마음으로 사느냐 하는 것이 더욱 중요
하다. 그렇게 고행하고 수행한 사람도 악도에 떨어
진 자가 있고, 선도에 난 사람도 있으니 말이다.

가장 중요한 것은 계행과 지혜의 완성이다.

나와 남을 위해서 계행을 닦고

세계와 중생을 위해서 삼매를 닦아

4선·8정을 얻고 그 얻은 해탈의 마음으로

세상의 무지와 집착, 구속을 여의기 위해서 봉사한다면

그는 반드시 천당에 갈 것이요, 악도를 면할 것이다."

깟싸빠는 이와 같은 부처님의 말씀을 듣고 출가하여 넉 달동안 교육을 받은 뒤 구족계를 받고 해탈을 얻었다.

9. 뽓따빠다경(Potthapada Sutta)

─논쟁속에서 해탈한 찟따─

부처님께서 싸밧티시 제따숲 승원에 계실 때
40억 규모의 대부호였다가 재산을 버리고
집을 나와 유행자가 된 뽓따빠다가 3백명
정도의 유행자 무리를 데리고 말리까 공원
띤두까 나무가 있는 공개토론장인
에까쌀라 강당에 와 있었다.

그때 부처님께서 탁발하러 가다가 그곳에 들르셨다.
그들은 그때 아주 시끄럽게 세속 이야기를 하다가 그
치고 세존을 맞이하였다.
"어서 오십시오, 세존이시여. 마련된 자리에 앉으십
시오."

부처님께서는 권하는 자리에 앉아 물었다.
"지금 그대들은 무슨 이야기를 하고 있었는가?"
"세속적인 이야기입니다.
그것보다 요즘 토론장에서 지각은 어떻게 소멸하는가

물었는데, 거기에 대하여 말씀해 주십시오.

어떤 사람들은 조건 없이 난다고도 하고
신통에서 나온다고도 하였습니다."
"모든 지각은 원인과 조건이 있다.
그런데 그 지각은 결국 배움에서 시작되는 것이니
계율을 갖추고 삼매를 형성,
새김을 확립한 사람만이 알 수 있다.

만약 4선·8정을 얻은 사람이라면
지각이 어떻게 일어났다 사라지는지
잘 알 수 있는 것이다."

그런데 그 후 코끼리 조련사의 아들 찟따와
유행자 뽓따빠다가 와서 물었다.
"세존께서는 세계는 영원하다, 영원하지 않다,
유한하다, 무한하다, 영혼과 육체는 같다, 다르다,
여래는 사후에 존재한다, 존재하지 않는다,
존재하기도 하고 존재하지 않기도 한다는

말씀을 하시지 않는데, 왜 그러십니까?"

"그것은 눈먼 사람들 이야기이기 때문이다.
분명히 눈이 있다면 스스로 보고 알 것 아닌가.
자기가 보지 못한 것을 아무리 이야기를 해 보아야
그것은 하나의 이야깃거리에 불과하게 된다.

미녀가 무엇인지도 모르는 사람이
미녀를 찾는다면 옳겠으며,
자아는 행복한 것이고,
죽은 뒤에 질병을 여읜다 하면 되겠는가.
누각의 방향도 모르는 자가 사다리를 만들면 옳겠는가.

자아에는 거친 자아와 정신적인 자아,
물질을 여읜 자아가 있는데,
거친 것은 4대 요소로써 만들어져
자양분에 의해 부양되는 것이고,

정신적인 것은 눈에 잘 보이지 않는 신경이고
물질을 여읜 것은 지각이다.

이를 자세히 관찰할 때 오염의 원리가 없어지면
자연 청정의 원리가 증가되어 만족, 희열, 경안할 것
이다.

그러므로 거친 자아가 있을 때는
정신적인 자아나 물질을 여읜 자아가 얻어지지 않는다.
과거의 자아도 미래의 자아도 마찬가지다.
현재가 없으면 과거도 미래도 없어지기 때문이다.

마치 소에서 우유가 나오고,
우유에서 요구르트가 나오며,
요구르트에서 생버터,
생버터에서 생크림이 나오는 것과 같다.

모두 이들은 우유에서 나왔지만
요구르트는 우유가 아니고
버터는 요구르트가 아니며
크림은 버터가 아니다."

이 말씀을 듣고 코끼리 조련사의 아들 찟따는
출가하여 구족계를 받고 공부하여
다시는 윤회에 들지 않게 되었다.

10. 쑤바경(Subha Sutta)

─쑤바의 논쟁시비─

부처님께서 열반에 드신 지 얼마 되지 않아
아난다가 아나타삔디까 승원에 있었는데,
또데이야 바라문의 아들 쑤바가
싸밧티시에 왔다가 어떤 학인의 말을 듣고
아난다를 찾아 뵙고 말씀드렸다.

"아난다여, 또데이야의 바라문의 아들 쑤바가
존자 아난다를 뵙고 싶어합니다."
"오늘은 때가 아니니 내일 시간이 나는 대로 가겠습
니다."

그리하여 이튿날 가니 쑤바가 물었다.
"존자여, 존자께서는 오랫동안 부처님을 시봉하였는데,
어떤 것을 칭찬하고
훈계, 충고하셨는지 말씀해 주십시오."

"첫째는 계의 다발이고,

둘째는 삼매의 다발,

셋째는 지혜의 다발이었습니다.

계에는 5계 10선과 같은 짧은 계율과

중간은 환락과 사치이고 길고 큰 것은 무소유입니다.

그리고 삼매에 관한 것은 감각능력의 수호와

올바른 새김으로 알아차리는 것으로

온갖 장애를 제거하고

수행 생활에 만족을 느끼는 것입니다.

그렇게 하면 차차 4선이 이루어져

모든 것을 통찰할 수 있는 지혜가 나타나기 때문입

니다. 정신적으로 몸에 대한 앎이 형성되면

저절로 다양한 신통을 얻어 듣지 못한 소리를 듣고

남의 마음을 알고 하늘눈으로 보지 못할 것을 보고

번뇌를 부셔 해탈을 얻기 때문입니다."

쑤바는 그 자리에서 삼보에 귀의하여

재가신자의 예를 갖추었다.

11. 깨밧따경(Kevadda Sutta)

─부처님의 신통─

어느 때 부처님께서 날란다시 빠바라깜바 숲[10)]에 계
실 때 장자의 아들 깨밧따가 부처님 계신 곳에 찾아
와 물었다.
"부처님, 날란다 시는 부유하고 번영합니다.
부처님처럼 인간을 뛰어넘은 원리를 지니고
신통의 기적을 나툴 수 있는 수행자 한 분을
추천해 주십시오."

"나는 세상 사람들에게
그런 기적을 나투라 말하지 않는다."
"그것은 세존을 무너뜨리기 위해서가 아니고
더욱 깊은 믿음을 갖게 하기 위해서입니다."

"나는 바로 그것으로 설법한다.
신통, 예지, 교계의 기적, 하나가 여럿이 되고

_____

10) 꼬쌈비의 장자 빠바리끼에 의해서 만들어진 숲

여럿이 하나가 되는 기적,
나타나기도 하고 숨기도 하고,

자유로운 공간처럼 담을 통과하고,
성벽을 뛰어넘고,
물처럼 땅속에 들어가고,
땅위처럼 물에 빠지지 않고 걸어 다니고,

허공의 새처럼 날아다니고,
해와 달을 손으로 만지고 쓰다듬으며,
하느님 세계에까지 육신으로
영향력을 미치는 이것이 신통이다.
이것은 오직 청정한 믿음에 의해서 형성된다.

또 예지의 기적은 그대 마음은 이와 같고 이러하다.
뭇 삶에 있어서 다른 사람들의 마음을 읽고
그 작용과 사유, 숙고 등. 그러나 그것을 알면
그들에 대한 고통을 없애주어야 하기 때문에
그는 더 곤혹하여 오히려 꺼려한다.

또 이것은 하고 저것은 하지 말라,

이것을 버리고 저것을 취하라,

이렇게 정신활동을 하면 기적이 온다 가르치는데,

그래서 깨달은 사람은

처음도 좋고 끝도 좋은 것을 가르치는 것이다.

이것이 청정한 믿음이고 출가수행자들이

좁은 곳에서 넓은 곳으로 나아가는 길이다.

그래서 출가수행자는 계행을 갖추고 삼매를 형성

감각능력과 새김을 통해 수행 속에서 장애를 제거

초선, 2선, 3선, 4선을 완성하고 지혜의 다발 속에서

통찰, 정신적인 것, 물질적인 것을 확실히 알아

천안통, 타심통, 숙명통, 천이통을 얻으며 뇌를 부수

고 광대한 존재의 행방을 찾아 수행하는 것이다.

거기에 무슨 정신과 물질이 남아 있겠느냐."

12. 로힛짜경(Lohicca Sutta)

─더 넓은 사랑─

부처님께서 500명 수행승과 같이
꼬살라국에 유행하시면서
쌀라바따까[11] 마을에 도착하셨다.

그때 바라문 로힛짜가
빠쎄나디왕이 하사한 마을을 차지하여 살고 있으면서
이런 생각을 하였다.

"착하고 건전한 것을 얻었더라도
남에게 알려지지 않는 것이 낫다.
그러나 세존은 특이한 분이기 때문에
내가 초대해 공양하리라."

이발사 배씨까를 보내 공양청을 하고
준비하여 공양대접을 하고 앉으니

_____

11) 쌀라나무가 둘러친 마을

세존께서 물었다.

"그대는 그대가 가지고 있는 이 땅에 대하여
다른 사람들의 침입을 원하지 않습니까?"
"그렇습니다."
"빠쎄나디왕도 만차가지입니다.
그러나 빠쎄나디왕은 자기의 땅에서 나는 것을 가지고
많은 사람과 이웃나라 백성들을 위해서도 넉넉히 쓰고
행복하게 삽니다. 왜 그럴까요?"
"그것은 자기의 사랑이 이웃에 미친 영향입니다."
"그렇습니다. 진짜 부자는
이 세상과 저 세상을 더 사랑합니다.
그 사랑이 사랑에서 그치는 것이 아니라
불쌍하고 어여쁜 사랑으로 발전하여
기쁨과 희생, 봉사로 발전되기 때문입니다.

① 어떤 수행자는 자기의 이익을 위해 자기의 행복
   만을 추구하는 자가 있고,
② 그래서 그들은 그들의 탐욕 때문에 깨달음을 기

뻐하지 않으며, '우리끼리'라고 울타리를 칩니다.

③ 이런 사람들이 어떻게 이웃과 사회를 위해서 행복을 나누어 줄 수 있겠습니까. 자기의 간교, 자기의 사상 때문에 한계를 치고 남을 업신여기며 끼리끼리 단합하는 사람은 결코 이 세상을 행복하게 만들 수 없습니다.

그래서 수행자일수록 이타의 계행을 더욱 잘 지키고 더욱 마음을 확대하여 삼매를 닦고 신통을 얻어 세상을 복되게 하는 것입니다."

"세존이시여, 진실로 당신은
깊은 옥문에 빠진 죄인을
상투를 잡고 끌어 올려줄
구세주와 같습니다."

13. 세 가지 베다경(Tevija Sutta)

―하느님 마음과 같이―

부처님께서 유행중 꼬쌀라국 마나싸까따 마을
북쪽에 있는 아찌라바태 강변 망고 숲에 계셨다.

그때 유행자 바라문 짱끼, 따뭇카, 뽁카라사띠,
자눗쏘니, 또데이야 등이
여러 부호들과 함께 살고 있었는데

바라문왕인 바쌋타가 바라드 왕자와
산책하러 나왔다가 각자 자기 스승들 이야기를 하다
누가 더 훌륭한지 부처님께 물어보자고 하여 와서 물
었다.

"세존이시여, 세상에는 여러 교파의 바라문들이 있어,
자기 것이 제일 옳다고 주장합니다.
어떻게 생각하십니까?"
"앗다리야빠나, 띠띠라야빠나, 칸도까빠, 바바히릿
짜빠

모두가 한 길로 해탈을 얻어
하느님과 함께 산다고 합니다."

"그렇다면 그 하느님은 누구의 파인지 물어보았느냐.
그리고 그 하느님을 본 사람이 있느냐?"
"없습니다. 그리고 그 하느님은
어떤 파에도 속하지 않습니다."

"그렇다면 하느님이 잘못된 것이 아니고
사람들이 잘못된 것이니 고쳐야 하리라.
설사 세 가지 베다에 정통했다 하더라도
그는 진짜 바라문이라 할 수 없다.
마치 그것은 장님이 장님들을 이끌고 가는 것 같아
마침내 물 속에 빠져 죽으리라.
마치 구경도 하지 못한 미녀를 사모하여
계단 없는 사다리를 올라가다가
넘치는 아찌라바띠강 속에서
동서남북을 모르고 헤매는 것 같다.

바라문들이여, 베다에 나타난 하느님은

소유가 있는 자인가,

원한이 있는 자인가,

자재를 얻은 자인가?"

"자재를 얻고 소유를 뛰어넘고

원한이 없는 자입니다."

"그렇다면 그대들도 베다의 가르침과 같이

실천하면 하느님 마음과 하나가 될 것 아닌가."

제 2 품 큰 법문품 〈Maha-vagga〉

14. 큰 비유경(Mahapadana Sutta)

—과거 7불의 이력과 포교—

부처님께서 아나타삔디까 승원의
까레리 초암(草庵)[12)에 계실 때
원형단에 모인 수행승들이 전생의 삶에 대하여
이야기 하자 과거 7불에 대한 이야기를 들려주었다.

"옛날옛적 비빳씬부처님, 씨킨, 벳싸부, 까꾸싼다,
꼬나가마나, 깟싸빠, 그리고 내가 순서대로
세상에 태어났는데, 비빠씬과 씨킨, 벳싸부는
왕궁에서 태어났고 나머지 세분은 바라문으로 태어났다.

─────────────

12) 까레리는 바루나 나무라는 뜻이다. 바루나 나무가 우거진
    숲 속에 지었기 때문에 까레리 초암이라 부름. 제타숲에는
    까레라초암, 제따초암, 꼬심바초암, 간다꾸따, 쌀라리카 등
    네 초암이 있었다.

앞의 세 분은 성씨가 꼰다냐이고

뒤의 세분은 깟싸빠이며,

나는 고따마이다.

수명은 8만세로부터 7만, 5만, 3만, 2만, 1만세이고

나는 백 세에 불과하다.

비빳씬부처님은 빠딸리 나무 밑에서 깨닫고,

씨킨은 뿟다라까, 벳싸부는 쌀라, 까꾸싼다는 싸리싸,

꼬나가마는 우둠바라, 깟싸빠는 니그로다,

나는 앗싸다 나무 밑에서 도를 깨달았다.

비빳씬부처님은 칸가다의 띳싸가 제자가 되고,

씨킨에겐 아비부와 쌈바바가, 벳싸부에겐 쏘나와 웃
따라,

까꾸싼다에게는 비두라와 싼지바, 꼬나가마니에게는

비이요싸와 웃따라, 깟싸빠에게는 띳싸와 바라드와자,

나에겐 싸리뿟따와 목갈라나가 있었다.

비빳씬부처님은 사쏘가 제자를 거느리고 9회에 걸쳐

6백8십만, 또 10만, 8만 명의 제자들을 제도하였다.
씨킨부처님은 케망까라 제자를 거느리고
10만, 8만, 7만명 제자들을 제도하였다.

벳싸부부처님은 우빠싼따를 시자로 거느리고
3회에 걸쳐 8만, 7만, 6만 제자들을 제도하였다.
까꾸싼다부처님은 붓디자라를 시자로 거느리고
1회에 걸쳐 4만명을 이루었다.

꼬나가마나부처님은 쏫타자라를 시자로 거느리고
1회에 걸쳐 3만명을 이루었고,
깟싸빠부처님은 쌈바밋따라라를 시자로 거느리고
1회에 걸쳐 1만을 이루었다.

나는 아난다를 시자로 거느리고
1회에 걸쳐 법회를 볼 것이다.

비빳씬부처님의 아버지는 바두마라왕이었고
반두마지가 왕비였으며 바두마따오시에 살았고,

씨킨부처님은 아루나라왕이 빠바바띠라라는
왕비를 거느리고 아루나바띠라에서 살았으며,

벳싸부부처님은 쑵빠따라라 왕과
야싸바띠라 왕비가 아노바라시에서 살았고,
까꾸싼다에게는 아기닷따라 바라문 아버지가
바싸카바라문녀를 데리고 케까빠리에서 살았고,

꼬나까마나는 양나닷따라 바라문이
웃따라바라 문녀를 데리고 쏘바바띠에서 살았고,
깟싸바부처님은 브라마닷따라 바라문이
카나바띠바라 문녀와 함께 바리나씨에서 살았고,
나는 쑷도다나왕과 마야 왕비를 부모로
까삘라밧투에서 살았다.

이들 모든 부처님들은
왕과 귀족의 청정한 체통을 계승하여
32상 80종호를 구족하고 태어나 4문유관을 통해
세상의 고통을 보고 출가,

8상성도의 이력[13])을 겪게 되었다."

그래서 모두 찬탄하였다.

"하늘 위에서나 하늘 아래서나 부처님 같은 이 없네.
시방세계 다 보아도 부처님 같은 이 없네.
세상 티끌 다 헤아리고 바다 물을 다 마시고
허공을 헤아리고 바람을 묶는 재주가 있더라도
부처님 공덕을 다 말할 수 없다네."

_____

13) 이 글은 24본 가운데 19부터 24까지의 이력을 기록한 것이
다. 가정과 사회, 핏줄이 청정하지 않고는 성불한다고 해도
부처의 위치에 오를 수 없다는 것을 명백히 밝혔다.

15. 큰 인연경(Mahanidana Sutta)

—깊고 깊은 인연의 진리—

부처님께서 꾸루국 깜맛싸담바라[14] 시에 계실 때
아난존자가 말했다.
"조건적 발생법칙 연기는 얼마나 깊고
심오하게 출현하는지 말씀해 주십시오."

"참으로 깊고 깊다. 이를 꿰뚫지 못하면
삶의 실타래가 풀리지 않아
비참한 지옥의 윤회에서 벗어날 수 없다.

늙고 병들고 죽는 고통은 생을 배경으로 하고,
생은 유, 유는 취, 취는 사랑, 사랑은 감수작용,
감수작용은 접촉, 접촉은 6입, 6입은 물질과 정신,
물질과 정신은 식, 식은 행,

행의 밝지 못한 마음을 배경으로 하고 있다.

---

14) 꾸루국은 16대국 중 제일국이며 깜맛싸담바라 시는 이 나라
제일의 도시이다.

그러므로 밝지 못한 마음이 없어지면
밝지 못한 지식과, 행, 명색, 6입, 촉, 수, 애, 취,
유가 없어져 다시는 태어나고 늙고 병들고
죽지 아니할 것이다.

그러므로 자아를 주장하는 자는
생사의 구렁에 떨어지게 되고,
7식과 8식에 갇히면 영원히 윤회에서 벗어나지 못한다.

그러므로 영원히 윤회에서 벗어나고자 하는 자는
먼저 빛을 보고 안팎의 빛을 보며
아름다움에 빠지지 말아야 한다.

아름다움에 빠지면 미세한 지각으로
무한공간을 인식하게 되고
무한한 의식을 생각하게 되며
아무 것도 없는 것에 집착하고
지각한 세계에 묶이게 된다.

그러므로 해탈한 자는 지각과
느낌까지도 완전히 소멸해야 하는 것이다."

16. 큰 완전한 열반경(Mahaparinibbana Sutta)

—전쟁과 평화의 조건—

부처님께서 라자가하시 깃자꾸따산에 계실 때
베데히 왕비의 아들 아자따싸뚜가
총리대신 밧싸까라를 시켜 물었다.

"부처님, 지금 마가다국 아자따싸뚜왕은
거만한 밧지족을 치고자 하는데 되겠습니까?"
그때 부처님은 옆에서 부채를 부치고 있던
아난다에게 물었다.

① 밧지족은 자주 모임을 갖는다고 들었느냐?
② 국민과 대신들이 잘 화합하고 있다 들었느냐?
③ 공인된 일을 어기지 않고 공인된 사실을 잘 지켜
　가고 있다 들었느냐?
④ 상하가 국법을 잘 지켜 따른 다고 들었느냐?
⑤ 노인들을 공경하고 존중, 공양한다는 말을 들었
　느냐?
⑥ 여인들과 소녀들을 끌어내 폭력으로 붙잡아 가거

나 구속하거나 가두지 않는다 들었느냐?
⑦ 탑묘를 숭상하고 조상에 대한 제사를 잘 지내며
　제사 드리는 의식을 폐지하지 않는다 들었느냐?"

"예, 들었습니다."
"그렇다면 절대로 밧지족은 멸망하지 아니할 것이다."

이 말을 듣고 가서 밧싸까라 대신은 말했다.
"전쟁을 하는 것보다는 우리나라와 국민들,
대신 관료들을 먼저 이렇게 훈련시킬 필요가 있습니다."
하며 전쟁을 일으키지 않았다.

부처님은 수행승들에 대해서도
승가(僧伽)가 멸하지 않는 일곱가지 가르침을 말씀
하셨다.
① 자주 모이고,
② 화합하고,
③ 규율을 지키고,
④ 장로들을 존중하고,

⑤ 후배들을 잘 이끌고,

⑥ 한적한 곳에서 정진하고,

⑦ 좋은 도반을 살피면 불교가 성하지만 그렇지 아
　니하면 망하리라.

수행승들이

① 믿음을 즐기지 않고,

② 말을 많이 하고,

③ 잠을 많이 자고,

④ 교제하지 않고,

⑤ 삿된 욕망에 빠지고,

⑥ 악한 벗과 친하고,

⑦ 중도에서 벗어나면 번영이 있지 못할 것이다.

그리고 또 말씀하셨다.

① 믿음이 있고,

② 부끄러움이 있고,

③ 창피한 줄 알고,

④ 많이 배우고,

⑤ 열심히 정진하고,

⑥ 확립하여

⑦ 지혜를 갖추면 기쁨의 삼매 속에서 행복해지리라.

그러니 아난아, 수행자는

①새김 ②탐구 ③정진 ④희열 ⑤자기 여윔

⑥집중 ⑦평정을 이루어야 하고,

또 ①지각 ②무아 ③부정 ④위험 ⑤버림 ⑥사라짐

⑦소멸에 대한 지각을 실천해야 한다.

만일 항상 수행자는 혼자 있을 때나 함께 있을 때나

①자애로써 ②몸과 ③말과 ④마음을 쓰고 나누고

⑤바른 견해를 갖추면 불교는 절대 퇴전하지

아니할 것이다.”

부처님은 그곳에서 암발랏티까 공원으로 가서

왕립객사에 머물면서 이러한 계행, 삼매, 지혜,

공덕에 대해서 말씀하시고

나란다에 가서도 마찬가지로 말씀하셨다.

존자 싸리뿟따는 나란다에서 부처님을 뵙고
이 말씀을 들은 뒤 그곳을 찾은 재가신자들에게
그대로 설법했으며 대신 쑤니다와, 바싸까라가
밧지족을 물리치기 위해 빠딸리뿟따시를
건설하는 것을 보고 세존께 아뢰니,

"빠딸리뿟따는 물(水)은 풍부해도 결국 그 물 때문에
분쟁이 생겨 많은 희생자를 낼 것이다."
예언하시고 노래 불렀다.

현자는 어느 곳에 주거를 정하든지
계행을 지니고 청정한 삶을 행하여야 한다.
만일 그렇게 하는 사람이 있다면
그들을 경배하면 그들은 우리를 받들 것이다.

그뒤 부처님이 걸어가신 문을
"고따마 문"이라 이름 붙이고
부처님께서 건넌 강나루를
"고따마 나루"라 불렀다.

부처님은 다시 꼬따가마 마을로 가서 4제법문을 하
였다.

① 이것은 고통이다.

② 이것은 고통의 원인이다.

③ 고통을 멸하면 열반을 얻는다.

④ 고통을 멸하는 방법은 여덟 가지(正見, 思, 語, 業,
   命, 精進, 念, 定) 바른 길이다.

하고 짜빨라 탑묘로 가서 탁발한 뒤

이 세상의 형성을 놓아버리는 법문을 하였다.

"아난다여, 세상은 참으로 아름답다.

탑도 묘도 베쌀리도 4선·8정을 이룬 자는 누구나 수
명을 늘려 100세 천수를 할수 있으나

권하는 사람이 있지 않으면 그만 끝을 내게 되어 있다."

그러나 아난다는 이것이 무슨 말씀인지 이해하지 못

하고 다른 부처님들에 대한 이야기로 알고

권청하지 아니했기 때문에

부처님은 이 자리에서 이 세상의 마지막을 예언했다.

"나는 오늘 이 자리로부터 100일 후에
쿠시나가라에 가겠다."
그때 천지가 진동하니,
"이것이 부처님께서 세상에 태어날 때,
성도할 때, 열반을 증득할 때
생기는 자연의 징조였느니라."

"나는 나 자신을 피난처로 하며
나의 갈 곳을 알아서 가겠노라.
방일하지 않고 새김을 확립
집중된 사유로 자신을 보호하고
나의 가르침의 계율로
윤회를 종식시키고 고통을 없애리라."

다시 부처님은 베쌀리성에 들어가 탁발하고 돌아오
면서 코끼리가 바라보듯 돌아서서 보면서
"이것이 내가 마지막 베쌀리를 보는 것이다."
하고 반다가마 마을로 향했다.

거기에서도 수행승들에게 4제법문을 하시고
보가나 마을 빠바시에 이르러
금세공의 아들 쭌다네 망고동산에 앉았다가
공양청을 받고 쑤까라맛다바 요리를 드신 뒤
피가 나오는 이질에 걸렸다.

그러나 부처님은,
"내가 처음 성도했을 때 공양을
제수와 발리카의 원력에 의해 받고
마지막 공양을 쭌다의 발원에 의해 받는 것이니
걱정하지 말라.
나는 이 음식을 먹든지 먹지 않든지
쿠시나가르에 가서 열반에 들 것이다."

부처님은 길을 재촉하여 가다가
어떤 나무 밑에 가사를 네 겹으로 깔고 누워 있다가
아난존자가 떠다 준 물을 마시고
알라나 깔라가 500대의 수레가 지나가는 것을 모르고
삼매에 든 것을 칭찬하고

부처님께서 옛날 초암에서
농부 두 사람과 네 마리의 황소가 죽은
뇌우(雷雨) 속에서도
아무런 생각 없이 경행했던 이야기를 주고받았다.
"누구나 지각을 지니고 깨어 있으면서도 삼매에 들어
흔들림이 없는 사람은 자연의 운동에 좌우되지 않는다."

이때 말라족의 아들 뿍꾸싸는
황금가사 두 벌을 가지고 와 한 벌은 부처님께 드리고
한 벌은 아난 존자에게 주었다.
이것이 인도에서 황금 가사가 유행하게 된 동기이다.

그때 부처님의 얼굴이 맑고 깨끗하게 빛났다.
부처님은 히란야 강에서 목욕하시고
쭌다의 공덕을 찬탄하였다.

보시하는 자에게 공덕은 증가한다.
제어하는 자에게 원한은 쌓이지 않는다.
착하고 건전한 님은 악을 버리고

3독(탐욕, 성냄, 어리석음)을 부수고 열반에 든다.

그리고 쌀라 나무 아래 이르러 활짝 핀 꽃을 보고 말
했다.
"이것이 여래의 공양이다."

그때 장로 우빠바나가 세존 앞에 서서 부채질을 하자,
"비켜라, 우빠바나여, 하늘 사람들이 나를 지켜보고
있다. 아난아, 내가 떠난 뒤 잊지 말아야 할 네 곳이
있으니

탄생지 룸비니와 성도지 붓다가야,
전법지 베나레스, 열반지 꾸시나가르이다.
내가 세상에 없더라도 이곳을 순례하는 자는
언제나 나를 친히 볼 것이다."

"부처님 어찌하여 마가다국, 사위국 같은 나라들도
놓아두고 보잘 것 없는 이 작은 나라에 와서
열반에 드시려 하십니까?"

"그런 말을 하지 말라.

옛날 이곳은 808국을 거느린

전륜성왕이 다스리던 대국이었다.

너는 지금 시내에 나가서 바쎗타들에게

오늘밤 후야에 여래가 열반에 드신다는 것을 알리고

보고 싶은 사람은 누구도 빠짐없이 보게 하라."

그리하여 많은 말라족들이 와서

부처님께 마지막 인사를 올렸고,

유행자 쑤밧다가 와서 의심을 풀었다.

"부처님, 저는 10대 부터 전 인도를 다니면서

이름난 종교인들을 빠짐없이 찾아 보았습니다.

그러나 모두가 자기 사상이 옳고

남의 종교는 옳지 않다고 하였는데,

부처님 생각은 어떠십니까?"

"바를 정(正)자가 있으면 불교 아닌 것도 불교이고,

바를 정(正)가 없으면 불교도 불교가 아니다."
"감사합니다. 저는 여기서 부처님의 가르침을 따라
불법에 귀의하고 부처님 앞에서 열반하고 싶습니다."
부처님께서 말없이 허락하자 쑤밧다는
그 자리에서 열반에 들었다.

부처님은 제자들에게 도움이 될 수 있는
여러 가지 말씀(42장경 유교경 등)을 하시고
아난다의 질문을 받고 장례절차와
사리분배에 대한 말씀을 마치고는
4선·8정을 통해 열반에 드셨다.

이에 쑤함빠띠, 제석천, 아누룻다,
아난다의 추모사가 있은 후
말라족들이 모든 의식에 대한 만반의 준비를 하고
마지막으로 마하까샷빠를 기다려 장례를 치르고

마가다국, 아자따싸뚜, 베쌀리, 릿차비, 까삘라밧투,
싸기야국, 알라깜빠의 볼리족, 라마가마의 꼴리아족,

베타디빠의 바라문족, 빠바의 말라족,
꾸씨나라시의 말라족이 사리를 각각 나누고
바라문 도나는 재를, 모리야족들은 사리병을
각각 가져 갔다.

17. 마하쑤닷싸나경(Mahasudassana Sutta)

―쿠시나가르성의 위대성―

입멸 직전 아난존자가 부처님께 말씀드렸다.

"부처님, 부처님께서도 인도 16대국 가운데

싸밧티, 싸게따, 꼬쌈비, 바라나씨 등 큰 도시가 많은데

이 작은 불모의 도시에서 열반에 드시려 합니까?"

"그런말 하지 말라.

이곳은 내가 옛날 대전륜성왕이 되어 살던 큰 나라였

다. 내가 입멸 3천 년 이내에 이곳은 큰 도시가 되어

세계 각국의 불자들이 찾을 유능한 도시가 될 것이다."

하고 당시의 전륜성왕의 공덕에 대하여

상세히 설명하였다.

18. 자나바싸바경(Janavasabha Sutta)

—사후 왕생 이야기—

부처님께서 나따까 마을 긴자까바싸타 정사에 계실 때
여러 나라 신도들(까씨, 꼬쌀라, 밧지, 말라,
쩨띠, 방싸, 빤짤라, 맛차, 쑤라쎄나)에 대하여
사후 왕생을 예언하였다.

"50명 나띠까는 불환과를 이루고, 90명은 1왕래,
500명은 아라한이 되었다."
하니 아난다가 물었다.
"마가다국 사람들은 어찌 되었습니까?"

그때 야차 한 사람이 나타나 말했다.
"나는 마가다국 빔비사라왕입니다. 야차로 7번,
벳까바나대왕의 동료로 7번, 모두 14번 태어났습니다.
한번은 15일 안거가 끝나고 포살일에 33천 4천왕이
쑤담마 강당에 모인 가운데 법회를 하였는데,

---

15) 건달바의 이름. 다섯 개의 머리를 땋고, 다섯 개의 귀고리를
    가진 자라는 뜻이다.

거기 마가다국 사람들이 준비하였습니다."

그때 하느님 싸낭꾸마라가 말했다.
"청정한 삶으로 복을 지은 부처님 제자들은
죽어서 사천왕천, 도리천, 도솔천, 염마천, 자재천,
타화자재천에 태어나 있고,

선을 닦은 불자들은 초선, 2선, 3선, 4선천에 태어나고,
정을 닦은 사람들은 공무변처, 식무변처, 무소유처,
비상비비상처에 태어나 있으며,
4성제를 깨달은 아라한들은
다시 이 세상에 태어나지 않는 멸진정에 들어 있습
니다."

아난은 비로소 부처님 말씀이 필요없이
하느님 싸낭꾸마라의 말을 듣고 의심을 풀었다.

19. 마하고빈다경(Mahagovinda Sutta)

―부처님의 청정한 삶을 보고 해탈한 사람들―

부처님께서 라자가하 깃자꾸따산에 계실 때
건달바의 아들 빤짜씨카[15]가 아뢰었다.
"33천에서 4천왕들과 함께
새로 태어난 천중(天衆)들을 환영하였는데,
모두가 부처님의 안녕과 행복을 빌고
유익한 가르침에 대해서 감사했습니다.

자신들 뿐 아니라 많은 왕족들과 권속들에게
보다 높은 천당에 가는 길, 청정한 삶에 대하여
설했으며 탁월한 신앙에 대해서 말했습니다.
하늘 사람들은 아수라는 적어지고
천중의 무리는 날로 불어난다고 좋아하였습니다.

특히 빤짜씨카 모습의 싸낭꾸마라는
디쌈띠왕이 왕자 레누에게 왕위를 계승시키고
일곱 왕족들에게 국토를 똑같이 나누어 줄 것을 말하고
고빈다 바라문에게 부탁하자,

① 까링가국의 단따뿌라시

② 삿싸나국의 뿟따나시

③ 아반띠국의 마하싸띠시

④ 쏘바라국의 로루까시

⑤ 바데하국의 미틸라시

⑥ 앙카국의 짬빠시

⑦ 까씨국의 바라나씨시로 나누어 일곱 나라 임금님
   들의 스승이 되었다.

얼마동안 선정을 베풀다가 이에 만족치 않고

홀로 선정을 닦았으나 하늘 사람들의 말을 들으니

"분노, 거짓, 잘못, 사기, 속임수, 인색, 자만, 질투,

욕망, 의심, 허기, 어리석음, 거기에 비린내 나는 것을

벗어나야 해탈할 수 있다."

하므로 출가를 결심,

부처님을 뵙고 부처님의 청정한 삶을 통해서 해탈하

였다.

20. 광대한 모임[16] 경(Mahasamaya Sutta)

─천신들의 모임─

부처님께서 500명의 스님들과 함께 까삘라밧투
마하숲 싸끼야족들 가운데 있었다.

그때 수 많은 하늘 신들이
부처님과 그 제자들을 뵙기위해 모여왔다.
동굴 속에서 삼매를 닦은 슬로까 7천명의 야차신,
히말라야의 6천 명의 야차, 싸따기리산의 3천 명의
야차,

이와 같이 다양한 1만6천명의 위광야차,
벳싸미타산의 5백명 야차, 베뿔라산의 10만 야차 등
다따랏따, 남 비룰라까, 서 비루빡까, 북 꾸베라 환술
과 간교에 능한 예술가들, 기만적인 꾸몐두, 베땐두,
비뽓짜, 비뿌다, 짠다나, 까마쎗타, 낀나간두, 니간
두가 빠나다

---

16) 로하니 강의 물싸움을 말린 사건을 증명하기 위해 모인 사
람들

오빠만냐 신들의 마부 마딸리, 건달바 찟따쎄나, 날라왕, 자네싸바, 반짜씨카, 건달바왕, 용, 아수라, 비싸바, 깔라깐차, 다나베가싸 아수라들, 베빠찟따, 쑤찟따, 빠하라다도, 마무찌와 함께 왔고,

베로짜나 라고 부르는 백명의 발리아들,
수신, 지신, 화신, 풍신, 바루나, 쏘마, 야싸, 벤후,
싸할리신, 아싸마신과 쌍둥이 야마신, 달신, 태양신,
만다발라하까신, 별신, 바싸바 도시의 파괴자 제석천,

화관을 쓴 싸하부, 아마꽃처럼 푸른 아릿타까신,
로자신, 바루나신, 싸함담바신, 앗쭈따신, 아네자까신,
쏠레이야신, 마누싸신, 마누숫따마신, 킷다빠도씨까신,
마노빠도씨까신, 하리신, 로히따바싸신, 빠라가신,
마하빠라가신, 쑥까신, 까람하신, 베카나싸신,

오나따가이하신, 바짝카나신, 싸담맛따신, 하라가자신,
천둥번개빠준나신, 케미야신, 뚜씨따신, 야마신, 깟타까신, 람비따까신, 라마쎗타신, 뚜씨따신, 야마신,

깟타까신,

조띠나마신, 아싸바신, 창조신 등이 뛰어난 용모와
신통을 가지고 환희하는 마음으로 그의 권속들과 함께
와서 부처님과 스님들을 공양하였다.

불퇴의 참모임을 보기 위해 신들이 모여 왔다.

　－현자들의 모임－

삼매를 닦아 자신의 마음을 곧게 한 현자들을
보기 위해 빗장을 부수고 기둥을 뽑고 티끌을
여의고 청정한 눈을 얻은 잘 훈련된 코끼리 같은
유행승들을 뵙기 위해 누구든지 깨달은 자를
피난처로 삼으면 악도에 떨어지지 않는다.

21. 제석천의 질문경(Sakkapanha Sutta)

—빤짜씨카의 비파소리—

부처님께서 마가다국 라자가하시 암바싼다
바라문 마을 북쪽 베디야산 인다쌀라 동굴에 계실 때
신들의 왕 제석천이 간절한 마음으로 세존을 찾아 뵙고
신들에게 말했다.

"가자, 거룩하신 분이 지금 동굴에 계신다."
건달바 빤짜씨카가 노란 대나무 비파를 들고
33천에 둘러 싸여 내려오니
온통 그 일대가 찬란한 광명으로 빛났다.

마을 사람들은 베디야산에 불이 났다고 소리 질렀다.
"베디야산에 불이 났다."
그런데 세존은 그때 삼매에 들어 있다가
빤짜씨카의 비파소리를 듣고 은근히 깨어났다.

존귀한 여신 쑤리야밧차여,
그대 아버지 띰비루에게 경배합니다.

나에게 환희를 주는 아름다운 그대가
그 분에 의해서 태어났습니다.

땀 흘리는 자에게 바람처럼, 목마른 자에게 물처럼
거룩한 님의 가르침처럼
천녀여, 그대는 나의 님입니다.

병든 이에게 약과 같고,
배고픈 자에게 음식과 같은
존귀한 여인이여,
타오르는 불을 불로 끄듯 나를 꺼 주시오.
차가운 물의 연못에 뛰어드는 것처럼
나는 그대의 풍만한 가슴으로 뛰어들리라.

갈고리로도 제어하지 못하는 코끼리처럼
나는 몰이창과 막대를 부수고
그대의 아름다운 가슴에 취해 어찌할 바를 모르겠네.
그대에게 마음이 묶였으니 이미 잃어버린 마음
되찾을 수 없습니다. 마치 낚시를 삼킨 물고기처럼.

이 소리를 들은 세존께서 말했다.

"비파소리는 노래와 잘 어울리고
노랫소리는 비파와 잘 어울리네.
빤짜싸카여, 그대의 악기소리,

노랫소리를 벗어나지 않고 노랫소리도 그러하네.
그대는 언제부터 부처님을 칭송하고
가르침과 참모임을 칭송하는가.
사랑하는 시구 속에 칭송하는 노래 가득하구나."

"옛날 부처님께서 네란자야 강변에서
원만한 깨달음을 얻으셨을 때,
저는 그 무렵 쑤리야밧차 건달바왕
띰바루의 딸을 연모하고 있었습니다.
그러나 그녀는 다른 사람의 사랑을 받고 있었으니
씨칸딘 마부 마딸리의 아들이 그녀의 연인이었습니다.
그래서 황죽비파를 가지고 건달바왕 띰바루 처소에 가
비파를 연주 부처님을 찬양한 바 있습니다."

그때 그 여인이 말했다.

"나는 세존을 직접 뵙지 못했지만
33천에 춤추러 가서
제석천의 말씀을 듣고 칭송하였습니다.

이 세상에는 세존과 같은 이 없고
그 법과 스님들 같은 이 없다고,
그래서 나는 세존을 추앙하며 높이 받들고 있습니다."

그때 제석천이 말했다.

"나를 대신하여 그대가 부처님께 경배를 올려라."
하며 인사드렸더니 부처님은 오히려
"빤짜씨카여, 신들의 제왕과 그의 권속들은 행복하라."
하고 축원해 주셨다.

제석천왕이 그곳에 이르자 울퉁불퉁한 곳은 평평해
지고 좁은 곳은 넓어지고 어두운 곳은 밝아졌다.

"세존님, 제가 싸밧티시로 파견되었을 때

부처님께서는 삼매에 들어 계셨는데
분자따라는 벳싸바나 대천왕의 하늘나라 시녀가
합장한 채로 부처님을 옆에서 시종하고 있었습니다."

그때 제석천왕이 부처님께 물었다.
"어찌하여 용과 건달바, 아수라는
원한을 풀지 못하고 폭력을 씁니까?"
"질투와 인색 때문이다."

"질투와 인색은 무엇을 바탕으로 합니까?"
"좋아하고 싫어하는 것이 기준이 되고
그것은 바로 욕망 때문이다.
욕망은 사유의 조건이요, 지각과 관심에서 생겨난다."

"그래서 쾌락에 두 가지가 있으니 섬겨야 할 것과
섬기지 말아야 할 것, 쾌락도 마찬가지고
불쾌도 마찬가지, 그래서 나는 평정을 되찾고
신체적, 언어적, 정신적 행위를
계율에 기준하여 수호하여 환희를 획득하였습니다."

이러한 일들은 세상 사람들은 모르는 일입니다.

22. 큰새김의 토대경(Mahasatipatthana Sutta)

―큰 새김의 원리―

부처님께서 꾸루국 감밧싸담마 꾸루족 마을에 계실 때
수행승들에게 말했다.

"뭇 삶을 청정하게 하고 슬픔의 비탄을 뛰어넘어
고통을 소멸하려면 네 가지 새김의 길을 닦아라.
알아차림 속에서 새김을 확립하고
탐욕을 제거하여 느낌을 관찰하라.

먼저 몸에 대해 관찰하고
다음에 느낌을 새김하는데
들숨, 날숨을 길게 또는 짧게
걸어가면서도 섰으면서도,
앉고 누우면서도 몸을 잘 관찰하라.

그리고 머리카락부터 똥오줌에 대한 것을
자세히 살피며, 혐오심을 일으켜라.
한 가지도 깨끗한 것이 없으니

마치 묘지 속의 시체처럼
결국은 분리되고 말 것이다.

순서적으로 분해되어 마지막에
백골이 성성하게 되는 모습,
거기서 우리는 무엇을 찾을 것인가.
6감이 결국 7각지에 이르러 사실적으로 확인된다.

여기서 우리는 진짜 4제의 원리를 확인하고
해탈의 법선을 타게 된 것이다.

23. 빠야씨경(Payasi Sutta)

―윤회에서 벗어나는 귀신들―

부처님께서 꾸마라깟싸빠와 500명 수행승과 함께
꼬쌀라국을 유행하시다가 쌔따비야에 이르러
존자 꾸마라깟싸를 만났다.

그들은 대부분 인과를 믿지 않고
허무주의에 빠진 사람들로서
달과 태양, 흉악한 도둑, 똥구덩이, 33천, 눈먼 장님,

임산부, 쇳덩이, 나팔수, 배화교도 결발행자,
두 명의 카라만 지도자, 마른 똥 운반자,
놀음꾼, 삼꾸러미 운반자에 비유를 통해
각기 자기 주장을 옳다고 주장했으나

제사와 바라문 학인, 웃따라의 대화를 듣고,
결국 천사 빠야씨의 귀의를 받아
윤회를 인정하게 되었다.

제3품 빠띠까 품 (Patika-Vagga)

24. 빠띠까경(Patika Sutta)

—아는 것을 안다 하고 모르는 것은 모른다 하라—

부처님께서 말라국 이누삐야시에 계실 때
탁발하러 가다가 시간이 너무 일러
유행자 박가바곳따가 있는 곳으로 가니
박가바곳따가 물었다.

"어서 오십시오, 세존님.
그런데 릿차비족 아들 쑤낙캇따가
'나는 다시는 세존을 가까이 하지 않는다'고 하였는데
그게 사실입니까?"
"사실이다. 그런데 쑤낙캇따여,
내가 그대에게 나를 섬기라고 말한 적이 있는가?"
"없습니다."

"그렇다면 언제 내가 그대에게
신통력을 보여주겠다고 약속했던가?"
"약속하지 않았습니다."
"그러면 내가 가르쳐 주는 대로만 하면
인간의 온갖 고통이 없어질 것인데
무엇 때문에 출가를 포기했는가?"

"세존께서는 이 세상의 기원에 대해서
말씀해 주시지 않았습니다."

"그것도 내가 약속한 일이 아니지 않는가.
그대는 밧찌족들의 말만 듣고 나에게 왔으니
나하고는 아무런 관계가 없다.
그것은 그대가 대중 스님들의 청정한 삶과
행을 실천하지 못한데 원인이 있다."

옛날 웃따라가 쿨루 지방의 도시에서
나체수행자 꼬락캇띠야가
개처럼 땅에 떨어진 음식을

입으로만 받아 먹는 것을 보고

꼬락캇따는 '이 수행자야 말로 거룩한 사람이다.
나도 그렇게 해야지' 하고 흉내를 내고
따라다닌 일이 있다.
그대가 출가하여 나의 행을 본받고자 하면
마땅히 나를 따라다니면서
그렇게 수행해야 될 것이 아닌가.

그런데 나하고는 아무런 관계가 없는 일로
출가를 포기했다고 하니
그대는 역시 나하고는 아무런 관계 없는 사람이다."
"그때 저도 보았습니다.
일주일만에 꼬락칼띠야가 7일 후 배가 터져 죽는 것
을!
그리고 그는 비나라풀로 뒤덮인 공동묘지에 던져졌
다가 저열한 아수라가 될 것이라고 사람들은 말했습
니다."
"어리석은 자여, 그대도 나의 계를 지키고 수행하면

저절로 신통도 얻고

세계의 시작과 끝을 볼 수 있을 것인데………,

그대는 남의 말만 듣고

그것을 자랑삼아 이야기하고 돌아다니는

똥파리에 불과했기 때문에

지금 사람들에게 천대 받고

공동묘지에 버려진 개와 같이 되지 않았는가.

옛날 베쌀리시에 나체수행자 까랄라맛투까가

베쌀리 사람들이 나체수행자를 공경하는 것을 보고

① 나는 죽을 때까지 옷을 입지 않고

② 음행을 하지 않고

③ 술, 고기로 연명하되 밥과 죽은 먹지 않고

④ 동쪽의 우데나 탑묘를 넘지 않고

⑤ 남쪽의 베쌀리 고따마까 탑묘를 넘지 않고

⑥ 서쪽의 베쌀리 쌋땀바 탑묘를 넘지 않고

⑦ 북쪽의 베쌀리 바후뿟따 탑묘를 넘지 않겠다고 하
   였다.

역시 나체수행자 빠따까뿟따도 마찬가지다.
명성과 존경을 위해서 살아간다면
개가 되든지 소가 되든지 상관은 없다.

적어도 신통을 얻고
생사를 초월하려고 공부하는 사람이
그러한 행을 존경하고 사랑한다면
그는 그렇게 될 수 밖에 없다.

옛날 사자의 흉내를 내던 승냥이가
그만 사자후를 토했다가 심장이 터져 죽은 일이 있다.

아직까지 이 세상의 시작과 끝을 본 사람은 없다.

전설에 의해 캇다빠도씨까 신이 우주의 시작이라 하고,
어떤 사람은 마오빠도씨까 신이라 하기도하고,
우연히 발생한 것이라고 하기도 하나
그를 직접 만나보고 끝까지 다녀본 사람은
세존 한 분 뿐이다.

그런데 날개도 달지 않고 하늘에 오르려 한다면
사다리 없는 사람이
허공을 오르려 하는 것과 같은 것이다."

25. 우둠바리까 사자후경(Udumbarika Si-hanada Sutta)

—껍질을 벗고 속살을 보라—

부처님께서 라자가하 갓짜꾸따산에 계실 때
유행자 니그로다가 3천 명 외도를 거느리고
우둠바리까[17)]에 와 있었다.

장자 싼다나가 아침 일찍 세존을 뵙기 위해 오다가
먼저 그곳에 들렀다.
수행자들은 세상의 잡담으로 시끄럽게 하다가
조용해진 것을 보고 인사하고 칭찬하였다.

"참으로 아름답습니다. 조용한 수행자들을 보니……"
"수행자 고따마는 더욱 고요한 곳에 은거하며
선정을 닦습니다."

그런데 그때 부처님께서 그곳에 찾아오셨다.

---

17) 우둠바리까 왕비가 유행자들의 위해 만든 쉼터

니그로다가 친절히 자리를 깔고 앉기를 권했다.
부처님께서 물으셨다.
“그대들은 조금 전 무슨 이야기를 하다가
싼다나 장자가 오는 것을 보고 그쳤는가?”

“세속적인 정치, 경제, 사회, 문화 등
전반적인 것이었습니다.
그러나 저는 옛날 부처님께서
쑤마가다 연못 모라니바빠의 노지에서
홀로 걸으시는 것을 보고
‘어떻게 해야 저렇게 청정한 삶을 살 수 있을까?’
동경한 일이 있습니다.”

“고행을 참지 못한 일반 사람들이 보면
고행하는 사람들이 이상한 사람들로 보입니다.
그러나 고행을 체험해 본 사람은
참고 이기는 것 이외에는
별 것이 없다는 것을 알게 됩니다.

가장 중요한 것은 고행 때 오염되지 않는 것이고
고행을 통해 얻은 힘을 가지고
자만하지 않는 것이며,
자신의 마음을 돌이켜 보면 모든 것이
한 생각 속에서 일어난다는 것을 알 수 있습니다.

청정한 마음 그 마음을 스승 삼아 공부하면
가려졌던 본마음이
번뇌의 베일을 벗으면서 나타납니다.
거기에는 어떠한 욕심도 성냄도 어리석음도 없으므로
모든 것은 있는 그대로 볼 수 있는 눈이 열립니다.

그것이 지혜이지요.
해도 안 해도 소용없는 일을 하지 아니하면
자기나 남에게 있어서 피해를 주지 않고
베풀 수 있게 됩니다.
그러므로 행은 껍질을 벗고 속살을 보아야 합니다.

니구로다는 한참 동안 말없이 앉아 있다가

세존께 인사를 드리고 말했다.

"어리석고 미혹하고 악하고 불건전한 마음으로
부처님을 존경하지 못했습니다.
다시는 그러한 일 없을테니 잘 가르쳐 주십시오."

그 뒤로부터 유행자들은
다시는 세속잡담으로 말을 많이 하지 않았다.

26. 전륜성왕 사자후경(Cakkavatti Sihanada Sutta)

－자신을 섬으로 삼고 살라－

어느 때 부처님께서 마가다국 마뚤라시에 계시면서
수행승들에게 말했다.
"자신을 섬으로 삼고 다른 것을 피난처로 삼지 말라.
올바로 알아차리고 새김을 확립하고
탐욕과 근심을 제거하면
모든 것을 사실적으로 관찰할 수 있다.

옛날 달라네미 전륜성왕이 있어
정의로써 다루셨는데 일곱 가지 보물을 갖추었다.

① 수레바퀴   ② 코끼리
③ 말   ④ 구슬
⑤ 여자   ⑥ 장자
⑦ 대신들이 그것이다.

그는 전 세계를 순회하며

누구나 이 일곱 가지를 통해서
세상을 평화스럽게 살 수 있는 방법을 가르쳤다.

길을 쓸고 손님을 맞아 따뜻하게 접대하면
저절로 수레바퀴의 보물이 나타났고,
일 잘하는 코끼리, 말들이 사방에서
구슬을 실어와 부자가 되었고,
시봉 잘하는 여인들, 백성들을 잘 보살피는 장자,
거사, 대신들이 있는 장소에서 끝없이 보물을 꺼냈다.

27. 세계의 기원 경(Agganna Sutta)

―평등과 차별의 세계―

부처님께서 싸밧티 뿝바라마 승원
미가라마뚜(鹿子母) 강당에 계실 때 바쎗타와
바라드와자가 부처님께서
노지에서 걷는 것을 보고 옆으로 왔다.

"그대들은 바라문 출신으로 장애 없는 삶을 살고 있
느냐?"
"바라문들의 비웃음을 받고 있습니다.
최상계급인 바라문이 찰제리 왕족의 밑에서
중노릇을 하고 있다는 것이지요."

"그래. 그들은 범천의 머리에서 태어났고
왕족들은 옆구리, 평민들은 배,
노예들은 발뒤꿈치에서 태어났다 하겠지.

그러나 생각해 보아라.
바라문도 왕족도 평민도 노예도

이 세상에 태어난 자 치고 죽지 않는 자가 없다.
또 먹지 않고 입지 않고 자지 않는 자가 없다.
어찌 여기에 차별이 있겠느냐?"
"없습니다."

"사람은 살다 보면 부귀, 빈천이 생기고
지배계급과 피지배계급이 생긴다.
처음 왕족이 전쟁을 하여 이겼을 때는
바라문도 잡아다 노예로 만들고
노예도 귀족 바라문이 되기도 하였다.
바라문은 전쟁보다는 학문과 의식에 밝아
언제나 평화시대에는 스승의 위치에 있었으므로
사람으로 말하면 머리와 같은 입장에 놓이게 된 것
이다. 사람의 인격은 지식에 달려있다.

처음 이 세상은 칠흑같은 암흑 속에 물만 존재하였다.
그런데 거기 해와 달이 나타나고
눈에도 잘 보이지 않던 균류가 사라지고
향기로운 바일라따 풀이 생겨

단 이슬만 받아먹고도 만족하며 살았다.

그 뒤 자연히 생쌀이 생기고
그것을 따서 먹다 보니 남녀성기가 생기고
그것을 결합하여 자손을 낳다보니
먹을 것이 부족하여 싸움이 생겨
그것을 조절하기 위하여
마하쌈마따를 왕으로 추대하여
전륜성왕의 세계가 만들어졌다.

그런데 거기서도 일하는 자와 심부름하는 자,
지휘자와 감독자, 가르치는 자와 배우는 자가 생겨
4성계급이 생기게 된 것이다.
그것은 절대적인 계급이 아니고
상대적인 힘에 의해서 생긴 것이다.

그러므로 사람은 이 같은 원리를 깨달아
서로 은혜를 감사하고 공경하며 사랑하면서 살아야
이 세상이 살기 좋은 불국토가 될 수 있는 것이다.”

그때 하느님 싸낭꾸마라는 외쳤다.

"가문을 의지하는 사람 가운데는 왕족이 최상이고,

명지와 덕행을 지닌 자는

신과 인간들 가운데 최상이다."

28. 견고한 믿음 경(Sampasadaniya Sutta)

―완전한 인격의 형성―

부처님께서 날란다 빠바라가바 숲에 계실 때
부처님께 물었다.
"이 세상에서는 올바른 깨달음에 관한 한
세존을 능가하고 세존보다 바로 아는 이가
없다고 생각하는데 어떻습니까?"

"그렇다. 세존께서는
그와 같은 계행과 지혜를 성취하고 해탈을 얻었다.
과거의 모든 부처님들도 올바로 깨달아
마음을 오염시키고 지혜를 약화시키는
다섯 가지 장애를 버리고
네 가지 새김의 토대 위에서 정초(定礎)하고
7각지를 닦아 위없는 깨달음을 얻었느니라.

그러나 공부하는 사람은 누구나 4념처, 4정근, 4신족,
5근, 5력, 7각지, 8정도를 통해 시각, 청각, 후각,
미각, 느낌, 정신을 똑바로 하여 어머니 뱃속에

들어갈 때부터 입태, 출태를 바로 하고,

일상을 통해 예지하지 않고 수단과 방법을 가리지 않고, 출세하지 않고, 인간의 시설을 통해 양면에 흔들리지 않고, 새김, 탐구, 정진, 희열, 안온, 집중, 평정을 통해 언행을 일치하고 신통을 성취함으로써 완전한 인격을 형성하는 것이다."

29. 청정한 믿음 경(Pasadika Sutta)

―청정경이 생기게 된 동기―

부처님께서 싸끼야국 베당나 사격장 망고숲에 계실 때
니간타 나타뿟따가 빠바시에서 막 임종하였다.
이로 인해 니간타들이 두 패로 나누어 입에 칼을 물고
논쟁하였는데 쭌다가 아난 존자에게 묻자
함께 부처님께 가서 법문을 들었다.

"계율이 잘못 설해지고 선언되어 이끌어지면
적멸에 도움이 되지 않는다.
기반이 허물어져 피난처가 없기 때문이다.
스승이 잘못하면 제자도 비난 받아야 하고,
제자 또한 스승을 욕 먹이게 되어있다.

스승의 죽음에도 제자들은 후회가 없어야 된다.
살아서나 죽어서나 사제가 함께
청정한 삶을 하였기 때문이다.
그러니 너희들은 항상 모임이 있으면
나의 계를 합송하고 지각하며 번뇌를 부수고

여래의 바른 뜻에 의해서 단결하라.

나의 법 가운데 설명되지 아니한 것은 없다.

전제와 후제가 분명하고 편견이 없다."

뒤에서 부채를 부치고 있던 우빠바나가 물었다.

"이 경전의 이름을 무엇이라 할까요?"

"청정경이라 하라."

30. 위대한 사람의 특징 경(Lakkhana Sutta)

─32상이 만들어지게 된 동기─

부처님께서 싸밧티 제따 숲에 계실 때
수행승들에게 말씀하셨다.
"이 세상 위대한 사람의 특징에는 32상이 있는데,
세속에 있으면 전륜성왕이 되고,
출가하면 부처님이 되게 되어있다.

① 안착된 발에
② 발바닥에 천개의 무늬가 태와 축으로 형성되어 있고
③ 발뒤꿈치가 넓고 원만하고
④ 긴 손가락을 가지고
⑤ 부드럽고 유연한 손발을 갖고

⑥ 손발가락에 갈퀴가 있고
⑦ 복사뼈가 돌출되어 있고
⑧ 사슴과 같은 장딴지를 지니고
⑨ 손이 무릎에 닿고
⑩ 성기가 마장지 같고

⑪ 황금과 같은 피부에

⑫ 섬세한 피부를 지니고

⑬ 몸털이 뭉쳐 있지 않고

⑭ 향상적인 털을 가지고 있으며

⑮ 몸매가 단정하고

⑯ 일곱군데(양손, 양어깨, 몸통)가 융기된 몸에

⑰ 윗몸이 사자 같고

⑱ 균형잡힌 몸

⑲ 어깨 사이에 패인 곳이 없고

⑳ 원만한 상반신

㉑ 탁월한 맛을 느끼는 감각기관

㉒ 사자와 같은 턱

㉓ 마흔 개의 치아

㉔ 평평하고 가지런한 피부

㉕ 가지런한 치아

㉖ 희고 빛나는 치아

㉗ 넓고 긴 혀

㉘ 청정한 음성

㉙ 푸른 눈

㉚ 황소 같은 속눈썹

㉛ 백호상

㉜ 머리 위에는 육계가 있다.

이 모두가 전생의 공덕을 닦은 과보이다.

31. 씽갈라끼에 대한 훈계경(Sigavada Sutta)

―6방예경의 유래―

부처님께서 벨루숲(竹林園) 깔란다까니바빠에 계실 때
한 장자의 아들 씽갈라까가
아침 일찍 라자가하에서 목욕하고
6방을 향해 절을 하고 있었다.

"왜 절을 하느냐?"
"아버지의 유언입니다."
6방을 지키려면 먼저
① 생명을 보호하고
② 주지 않는 것을 가지지 말고
③ 사랑을 나눔에 잘못이 없어야 하고
④ 거짓말을 하지 않아야 하고
⑤ 욕망, 분노에 의한 어리석음, 두려움에 대한 비도
   (非道)로서 악업을 지으면 아니 된다.

이 세상 재물을 잃는 데는
① 술에 취해 방일하고

② 때 아닌 때 돌아다니고

③ 흥청거리면 재물을 잃고

④ 노름하면 파멸하고

⑤ 악한 친구를 사귀고

⑥ 나태하면 재물을 잃는다.

왜냐하면 술에 취해 방일하면

① 취하여 현세에서 재산을 잃고

② 불화를 조성하고

③ 질병이 생기고

④ 불명예를 얻고

⑤ 뻔뻔스러워지고

⑥ 지혜가 무디어지기 때문이다.

때 아닌 때 돌아다니면

① 보호를 받지 못하고

② 처자식을 보호하지 못하고

③ 재산을 보호하지 못하고

④ 범죄자로 의심받고

⑤ 헛소문이 퍼지고

⑥ 많은 괴로움을 당한다.

흥청거리고 돌아다니면

① 어디에 춤이 있나

② 어디에 노래가 있나

③ 어디에 음악이 있나

④ 어디에 낭송이 있나

⑤ 어디에 악기연주가 있나

⑥ 어디에 춤과 노래가 있나

찾아 돌아다니다 허송세월하고

도박에 미치면

① 이기면 원한을 쌓고

② 지면 한탄하고

③ 현재의 돈을 낭비하고

④ 모임에서 믿어주는 사람이 없고

⑤ 친구, 동료가 업신여기고

⑥ 도박꾼은 장가갈 자격이 없어져 배우자가 나서지

　　않는다.

나쁜 친구를 사귀면

① 도박꾼

② 도락가

③ 음주가

④ 사기꾼

⑤ 협잡꾼

⑥ 폭력배를 만나 망신당하게 되고,

게으르면

① 추우면 춥다

② 더우면 덥다

③ 이르면 이르다

④ 늦으면 늦다

⑤ 배고프면 배고프다

⑥ 배부르면 배부르다 하며 핑계가 늘어 난다.

이렇게 하여 친구라고 사귀었더니

① 술 친구

② 색 친구

③ 춤 친구

④ 거짓말 친구

⑤ 해 뜰 때까지 자고 해가 져도 일어나지 않고

⑥ 남의 여자 범하고 손해 끼치고....

이것이 친구라고 할 수 있겠느냐?

① 주사위를 던지고

② 저열한 자만 섬기고

③ 존경스런 자를 업신여기고

④ 목마른 자가 물 마시고

⑤ 배고픈 자가 밥 먹듯

⑥ 술에 취해 주정하고

⑦ 정처없이 돌아다니면

어느 부모가 그를 믿고 자식이라 하겠느냐.

그러므로 씽갈라까야, 친구를 가려서 사귀어라.

① 무엇이든 가져가기만 하면서 가까이 친한 척 하
   는 자

② 말만 앞세우는 자

③ 듣기 좋은 말만 하는 자

④ 나쁜 짓에 동참하는 자

⑤ 힘으로 빼앗고

⑥ 적은 것을 주고 큰 것을 가져가고

⑦ 겁주어(두려움으로) 빼앗아 가고

⑧ 손해보게 하는 자

⑨ 무익한 말로 호의를 베풀고

⑩ 과거 일로, 미래 일로 친한 척 하고

⑪ 해야 할 일에 대해서 난색을 표하는 자

⑫ 악한 일에 동의하고

⑬ 선한 일에는 동의하지 않고

⑭ 눈앞에서는 칭찬하고 돌아서면 비난하는 자

⑮ 남의 불행을 기뻐하고

⑯ 남의 행운을 빌어주지 않고

⑰ 이유없이 비난하고

⑱ 칭찬하지 않는 자는 좋은 친구가 아니다.

물론

① 취했을 때 보호자가 되어주고

② 거리를 배회할 때 동료가 되어주며

③ 흥행거리에서 보호자가 되고

④ 방일하고 놀음할 때 충고자가 되어주는 자

⑤ 어려울 때 도움 주고

⑥ 즐거우나 괴로우나 한결같은 친구

⑦ 유익한 것을 가르쳐 주고

⑧ 나를 불쌍히 여겨 보호의 반려가 되는 자

⑨ 두려울 때 피난처가 되고

⑩ 요청할 때 두 배 이상이라도 도와줄 수 있는 자

⑪ 비밀을 터 놓고 이야기 할 수 있는 자

⑫ 불행했을 때 버리지 않는 자

⑬ 목숨을 바쳐서 목숨을 보호해 주는 자

⑭ 내 부모의 형제까지도 자신의 부모형제처럼 살피
   는 자가 좋은 친구다.

⑮ 사악한 것을 그치게 하고

⑯ 배우지 못한 것을 배우게 하고
⑰ 천상으로 가는 길을 가르쳐 주는 자가 좋은 친구다.

동쪽으로의 절은 부모이고
남쪽으로의 절은 스승이며
서쪽으로의 절은 처자식이고
북쪽으로의 절은 친구, 동료이며
하방으로의 절은 하인과 고용인이고
상방으로의 절은 수행자와 성직자이니

부모님은 나의 양육자이므로
늙어서는 내가 양육, 보호자가 되어
가문을 계승하고 전통을 상속받으며
돌아가신 뒤에는 선영을 받들어야 한다.

악을 방지하고 선을 확립하며
기술을 배우고 어울리는 아내와 결혼시켜
적당할 때 유산을 물려주고
집안을 잘 계승해 가르쳐야 한다.

또 스승은 일어나 맞이하고 시중들고 열의를 보이고
봉사하고 성실하게 기술을 습득하면 제자는 훈련을
잘 받고 잘 이해하고 기술을 배워 동료들을 사귀어
스승의 정신을 바르게 계승해야 한다.

남편은 아내에 의해 섬겨져야 하고 존중되며
멸시받지 않고 신의를 저버리지 말고 장신구를 제공
하고
남편은 일을 잘 처리하고 주변 사람들에게
친절하고 신의를 지키며 재물을 모아 보관하고
게으르지 않게 부지런히 일해야 한다.

또 친구는 친구에 의해 섬겨져야 하니
보시, 애어, 유익한 행, 협동, 정직에 의해 서로 살피고
취했을 때나 깨어 있을 때 언제나 불침번이 되어주고
두려울 때 재난을 만났을 때,
그의 자손들을 존중해야 한다.

주인은 아랫사람에 의해 섬겨져야 하니

능력 따라 일을 분배해 주고 병들면 치료해 주고
맛있는 음식과 휴식을 주어야 하고
하인은 주인보다 먼저 일어나고 늦게 자고
주어진 것만 가지고 일을 잘 처리하고
주인의 명성을 높게 칭송하여야 한다.

또 수행자나 성직자는 사랑스런 행위와 언어,
마음으로 문화를 개방하며 배워 익힐 것을 가르쳐 주
고 알지 못한 것을 알게하고 착한 마음을 가지며
신도들은 수행자나 성직자를 위한 음식과
의복을 장만하여 용돈과 함께
편안히 거처할 수 있도록 도와 드려야 한다.

이렇게 6방이 서로 잘 지켜지면 이것이 6방예경이다.
쌍갈라까는 이 말씀을 듣고 6방예경의 진리를 깨달아
인도 사회에서는 둘도 없는 훌륭한 사람이 되었다.

32. 아따나띠야경(Atanatiya Sutta)

—보호주의 내력—

부처님께서 라자가하 깃자꾸따산에 계실 때
야차, 건달바, 꿈반다, 나가의 대군들이
사방에서 에워싸고 있었다.

그때 한밤중에 아름다운 빛으로 장식한 야차 대장들이
세존을 뵙고 말씀드렸다.
"세존님, 저희들 가운데는
부처님에 대한 믿음을 가진 자도 있고
믿지 않는 자들도 있는데,

부처님께서는 항상 5계로써 교화하시니
저희들은 그것을 지키지 못하고
술을 마시고 살생을 할 때도 있고,
거짓말을 할 때도 있으며,
남의 여자들을 강탈할 때도 있습니다.

어떻게 하면 이들에게 청정한 믿음이 생기어

이들 청신사, 청신녀들이 보호될 수 있을까요.
저희들은 항상 저희들의 안전을 위해
'아따나씨야' 보호주를 외우고 있습니다.

인드라, 쏘마, 바루나, 바라드와자, 빠자빠띠, 짠다나,
까마쎗태, 끼누간두, 니간두, 빠나다, 오빠만나, 데바
쑤따, 마딸리, 핫따쎄나, 간답비, 날라, 라자, 자나싸바,

씨따기라, 헤마바라, 뿐니까, 까라띠야, 굴라, 씨바까,
무짤린다, 벳싸맛따, 유간다라, 고빨라, 쑵빠계다, 히
리, 넷띠, 만디야, 빤잘라짠다, 알라바까, 빳준다, 쑤
마나, 쑤무카, 다니무가, 마니, 마니짜라, 디가, 쎄릿
싸까

이렇게 벳싸바나 대왕의 보호주가 설해진 가운데
야차 대군과 4천왕 그리고 수많은 천인들이
돌아간 뒤 부처님은 청정대중에게
이 보호주를 인가해 주었다고 하였다.

33. 합송경(Sangati Sutta)

―사릿뿟다의 교훈―

부처님께서 말라국 빠바라시 쭌다의 망고동산에 계
실 때 웁바따까가 새 공회당을 짓고 부처님을 청했다.
500명 대중을 거느리고 공양을 받은 뒤
그날 밤 싸리뿟따에게 법문할 것을 명했다.

그때 마침 니간타 나타뿟따가 빠바시에서 임종하여
그의 제자들이 두 패로 나누어 분열하였기 때문에
사리불이 청정대중들에게 부처님의 계를 잘 지키고
화합할 것을 다짐하였다.

"이 세상 모든 존재는 삶을 자양으로 하며
생존을 형성하고 있다.
삶의 원리는 정신과 물질인데
거기 무명이 존재하는지, 그 견해에 부끄러움이 있
는지
선악을 구분하고 있는지를 살펴보아야 한다.

잘못을 범하는 자가 있으면
입정에 들어 세계의 경계를
부처님의 지견에 의하여 밝히고,
바른 염치, 인욕, 온화, 친정, 천명, 비폭력으로
새겨 화립하고, 감각을 성찰하여
불계에 어김이 없는가를 살펴야 한다.

악을 선으로 차례대로 없애면
1부터 10까지 불어나게 되어
이 우주를 꽉 채우고도 남을 것이다."

34. 십진경(Dasuttara Sutta)

—사리뿟다가 가르친 경—

부처님께서 짱빠시 각가라 연못가에서
500명 수행승들과 같이 있을 때
싸리뿟따 존자께서 수행승들에게 말씀하셨다.
"열반을 증득하기 위하여, 괴로움을 종식하기 위하여
모든 계박을 여의는 원리인 10진법을 설하겠다.

착하고 건전한 것들에 방일하지 말라.
희열을 수반한 몸에 대한 새김과 번뇌를 수반한 집착,
유아에 대한 교만, 이치에 맞지 않는 정신활동,
지혜없이 뒤따르는 마음의 삼매,
흔들림 없는 궁극적 앎,
뭇 삶을 지양으로 살려나가는 것과
해탈을 올바로 깨달아야 하고

새김과 확립, 멈춤과 통찰, 정신과 물질, 무명과 갈애,
악한 말과 악한 친구, 선한 말과 선한 친구,
오염의 조건과 청정한 삶, 부숨과 불생에 대한 앎,

조건 세계와 조건 지어지지 않은 세계,

명지와 해탈 등 둘로 이루어진 원리와

셋으로부터 열까지 이루어진 원리를

잘 알고 깨달아야 한다."

부파불교와 아함경

2020년 10월 10일 인쇄
2020년 10월 15일 발행

編　撰　　活眼

발행인　　한국불교금강선원 금강회
발행처　　불교통신교육원
등록번호　76. 10. 20 제6호
주　소　　12457 경기도 가평군 청평면 남이터길 65
전　화　　031-584-0657, 02-969-2410
인　쇄　　이화문화출판사 (02-738-9880)
삽　화　　박미경
값 : 10,000원